세상을 바꾼
철학자 20인의
특별한 편지

세상을 바꾼 철학자 20인의
특별한 편지

2016년 4월 10일 초판 1쇄

글 고수유 | 그림 김준영

발행인 박형준
펴낸곳 도서출판 거인
출판등록 제 2002-000121호
주소 서울시 마포구 상수동 와우산로 48 로하스타워 803호
전화 (02)715-6857, 6859 | **팩스** (02)715-6858

편집책임 안성철
디자인 박윤선
마케팅 이희경 김경진

ISBN 978-89-6379-132-6 73100

생각 깊은 초등학생을 위한

세상을 바꾼 철학자 20인의
특별한 편지

글 고수유 그림 김준영

칸트

거인

들어가는 말

누구에게나 자신의 삶을 이끌어 가는 자신만의 삶의 철학이 있을 것입니다.

그런데 흔히 '철학'은 어렵고 접근할 수 없는 멀리 있는 것이라고 생각합니다. 왜냐하면 철학은 변증법, 현실주의, 4대 우상론, 주기론 등 도무지 이해 할 수 없는 무슨 암호같기만한 단어로 채워져 있다는 선입견에 사로잡혀 있기 때문입니다.

하지만 자연 속에 철학이 있다고 생각한 노자, 경험이 곧 철학의 기본이라는 베이컨 그리고 철학이란 생각을 생활로 만드는 것이라 믿은 장자에 이르기까지, 지금까지 전해지는 유명한 철학자들의 철학은 한결같이 삶 속에 철학이 자연스럽게 녹아있기를 바라는 것이었습니다.

별을 보고 저것이 무엇일까라고 '생각'하면 그것은 '철학'이고, 별의 움직임을 우주원리로 '분석'하면 그것은 '과학'이 되는 것입니다. 이와 같이 나와 내 주변을 생각하는 것 자체가 철학입니다.

철학이라는 것은 자신의 마음에서 나오는 것입니다.
견유학파 디오게네스는 한 가지 소원을 들어주겠으니 말해보라는 알렉산더 대왕에게 햇볕을 가리지 말아달라고 합니다. 그에게는 따스한 햇볕과 사색할 수 있는 여유가 행복한 조건의 전부였던 것이지요. 사회적 명예나 부가 있다고 해서 꼭 행복한 것은 아닙니다.

'철학이라는 것은 내 안에 있다'라고 한 라 메트리의 말처럼 이 책을 통해서 여러분도 자신의 철학으로 진정한 행복을 찾는 사람이 되기를 바랍니다.

# 차례

믿는 것을 끝까지 밀어붙이는 사람이 되거라
1. 소크라테스 ⑩

말 한마디에도 영혼이 있단다
2. 아리스토텔레스 ⑱

진정 중요한 것은 눈에 보이지 않는 마음이란다
3. 공자 ㉖

자연 속에 철학이 있단다
4. 노자 ㉞

진정한 행복을 찾는 사람이 되거라
5. 디오게네스 ㊷

철학이란 생각을 생활로 만드는 것
6. 장자 50

어머니가 나의 가장 큰 스승이었단다
7. 이율곡 58

상상하면 그것이 현실이 된단다
8. 탈레스 66

의심과 반론으로 시작하는 철학
9. 쇼펜하우어 74

철학자에게 시간은 곧 금이다
10. 임마누엘 칸트 82

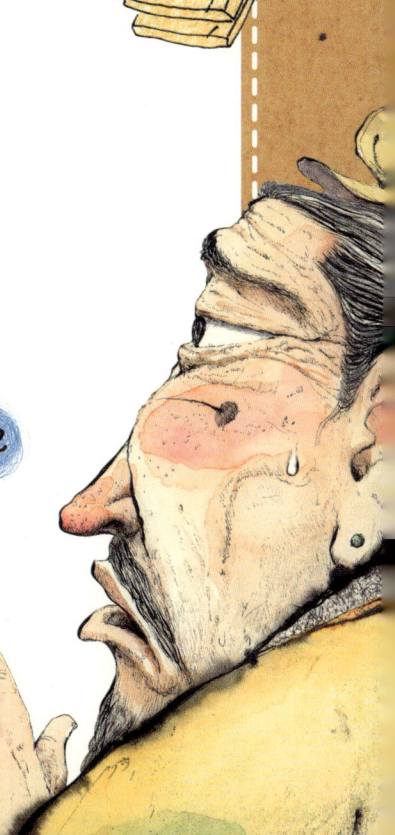

자신을 의심하지 말아라
11. 베네딕트 드 스피노자 92

세상을 보는 눈과 기준을 세우거라
12. 르네 데카르트 100

철학이라는 것은 마음에서 나온다
13. 고형곤 110

경험이 곧 철학의 기본이란다
14. 프란시스 베이컨 118

철학은 살아 숨쉬고 바뀌는 것이란다
15. 게오르크 헤겔 126

나를 소중히 여기는 사람을 찾거라
16. 존 스튜어트 밀 134

언제나 스스로 당당한 사람이 되거라
17. 데모크리토스 144

영혼의 굴레에 선 아이에게
18. 피타고라스 152

경험이 깊이가 된다
19. 키에르케고르 160

철학이라는 것은 내 안에 있단다
20. 라 메트리 168

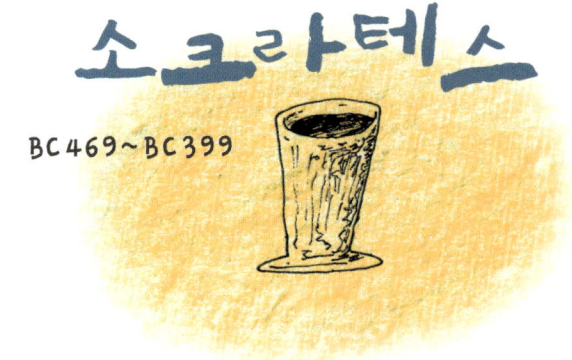

소크라테스

믿는 것을 끝까지 밀어붙이는 사람이 되거라

BC 469 ~ BC 399

예전에 똑똑하게 생긴 청년 하나가 나를 찾아온 적이 있었단다. 그는 당당한 목소리로 내게 이렇게 말했어.

"저에게 지식과 학문을 가르쳐 주십시오!"

나는 미소를 지으며 그를 데리고 강으로 향했어. 그러고는 청년의 목 뒷덜미를 잡고 물속에 넣어 버렸단다. 청년은 매우 놀라서 버둥거리며 살려 달라고 애원을 했지만 나는 못 들은 척했지.

하지만 잠시 후, 나는 청년의 머리를 물 밖으로 빼내고는 이렇게 물었단다.

"자네가 물속에서 가장 많이 생각하고 갈망했던 것이 무엇인가?"

"산소요! 산소가 가장 필요했습니다."

"자네가 물속에서 산소를 원했던 만큼 학문과 지식을 갈망했다면 내게 도움을 청하러 올 시간 같은 것은 없었을 거네."

이 말은 그 후 철학자를 꿈꾸는 사람들이라면 누구나 알고 있을 정도의 명언으로 전해져 내려오고 있단다.

그래, 나는 사람들이 흔히 서양철학의 출발점이라고 말하는 그리스의 철학자 소크라테스야. 그리고 방금 내가 해 준 이야기는 내게 있었던 많은 이야기 중의 하나란다. 하지만 실제로 나를 만나 보면 그렇게 위대한 철학자란 느낌이 들지 않을 거야.

내 입으로 이런 말을 하긴 창피한 일이지만, 나는 외모가 매우 못났단다. 두 눈이 튀어나오고 코는 뭉개져 사람들에게 추하다는 말을 많이 들었지. 하지만 나는 내 외모를 한 번도 창피하게 생각한 적이 없었어. 그것은 신이 내게 추한 용모를 준 대신 생각할 수 있는 머리를 주셨다고 믿기 때문이지.

나는 주로 제자들과 대화를 나누며 철학에 대한 많은 이야기를 남겼단다. 내가 남긴 여러 가지 말을 내 제자였던 플라톤이 정리해서 자신의 책을 쓰면서 내 이야기를 함께 적었단다.

이것도 그중의 하나인데, 아마 이런 말을 한번쯤 들어 본 적이 있었을 거야.

"악법도 법이다."

이 말은 내가 감옥에 있을 때 했던 말이었단다.

그 당시에, 많은 철학자들이 서로 논쟁을 하면서 새로운 파를 만들어 나갔고, 그런 이들에게는 서로가 적이었기 때문에 공격하고 험담을 하는 일이 참 많았단다. 나 역시 이러한 일에 피해를 입은 사람 중 한 명이었단다.

나는 나라의 운영 방식에 대해서 많은 이야기를 했고 잘못된 부분을 지적했지. 그런 내 행동이 좋게 보이지 않았던 사람도 꽤 많이 있었단다. 결국 시민들의 고발에 의해서 나는 재판을 받았지.

당시의 재판 방식은 판사가 모든 것을 결정하는 것이 아니라 시민들이 검사와 판사 역할까지 하게 되어 있었어. 시민들이 투표를 해서 내 형을 결정하면 판사는 그 형을 그대로 집행하던지 죄인이 반성을 하면 조금 줄여 주는 형태였지.

나는 그것이 좋지 않은 방법이라고 말을 했기 때문에 재판을 받게 되었단다. 그리고 이 과정에서 시민들은 내게 유죄와 사형이라는 형을 내렸지.

판사는 내게 내가 잘못한 것을 인정하느냐고 물었단다. 내가 죄를 인정하면 죄를 반성하고 있어 죽지 않고 살 수 있었거든.

"스승님, 그래도 일단 살아야 할 것이 아닙니까. 그냥 눈 딱 감고 인정한다고 한마디만 하세요, 네?"

제자들은 감옥으로 찾아와서 내게 죄를 인정하라고 애원을 했단다. 일단 살아 있어야 그 후에 다른 것을 하고 세상을 바꿀 수도 있는 것이 아니냐고 나를 설득했지. 나를 재판한 판사 역시 내게 죄를 뉘우친다는 한마디만 하라고 권했어.

솔직히 나도 사람인데, 살고 싶지 않을 리가 있겠니? 내게도 아내와 가족이 있었는데, 그 가족들이 얼마나 내 죽음에 대해서 슬퍼했겠니. 하지만 나는 제자들이나 가족의 애원에도 그렇게 하겠다는 말을 할 수가 없었단다. 왜냐하면 내게는 가족이나 내 생명보다도 더 중요한, 내 사상과 철학이라는 것이 있었기 때문이야.

나는 겁쟁이가 되고 싶지 않았단다. 목숨의 위협 속에서 내가 내 자신을 속이고 싶지 않았지.

점점 죽음의 날이 다가오자 제자들과 나를 아끼던 사람들은 발을 동동 구르면서 어떻게든 나를 설득하려고 감옥으로 계속해서 찾아왔단다.

내 아내인 크산티페 역시 나를 찾아와서 어린 아이를 생각해서라도 마음을 돌려 달라고 애원했지. 하지만 나는 아내의 말을 듣지 않았단다.

"앞으로는 이곳에 오지 마시오. 내가 처형을 받을 때도 와서는 안 되오. 내가 당신에게 부탁하는 내 평생의 마지막 부탁이오."

나는 아내를 매정하게 뿌리쳤지.

"선생님은 이 나라가 무지한 몇몇의 사람들에 의해서 운영되고 있다고 했습니다. 그러면 그러한 무지한 사람들이 만든 법을 따를 필요도 없지 않습니까."

결국은 한 제자가 참다못해 내게 화를 냈단다. 나는 그 제자에게 미소를 지으면서 이렇게 답했지.

"악법도 법이다. 법이기 때문에 내가 그리스 시민인 이상 지키지 않으면 안 되는 것이란다."

이 말에는 제자들도 더 이상 나를 말릴 수 없었지.

결국 나는 처형의 날 독이 든 술을 마시고 영영 세상을 등지고 말았단다.

하지만 나는 지금도 내 선택을 후회하지 않아. 나는 내 생명보다 내 철학과 사상이 더욱 중요하다고 생각하기 때문이야. 그것은 철학자라면 누구나 가지고 있어야 하는, 자기 자신에 대한 자부심이란다.

내 인생은 어떻게 보면 참 파란만장했다고 할 수도 있고 극적이었다고 표현할 수도 있을 거야. 하지만 그것은 내가 이렇게 살고자 노력을 했던 것이 아니라, 내 스스로 내 의지를 꺾지 않으려던 노력이 있었기 때문이라고 생각한단다.

철학자의 길은 분명 그리 쉬운 길은 아닐 거야.

철학자의 길은 힘들지만 그만큼 뿌듯하고 즐거운 일이기도 하단다. 내가 그 당시에 그토록 외쳤던 민주주의가 지금 사람들에게 받아들여지고 기억이 되는 것처럼, 철학이 이 세상을 더욱 환하고 아름답게 만들어 주는 그날을 나는 즐겁게 상상해 본단다.

> **소크라테스의 변명**
>
> 플라톤이 저술한 철학서로 소크라테스가 국가의 신(神)들을 믿지 않고, 청년들에게 나쁜 영향을 끼쳤다는 혐의로 사형 선고를 받자 이에 변론을 제시한 것이다. 플라톤의 작품 중 백미(白眉)에 속하고, 예로부터 그리스 문학사상 산문문학의 주옥으로 여겨 왔다.

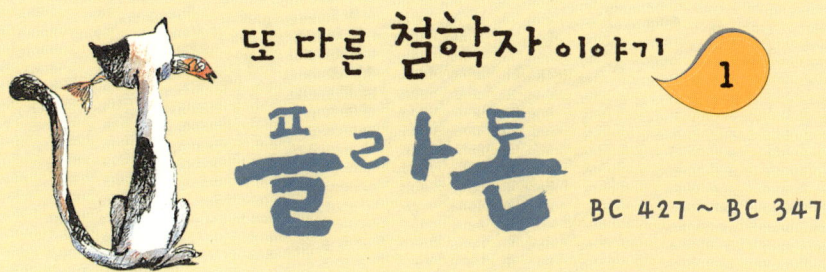

또 다른 철학자 이야기 1
플라톤
BC 427 ~ BC 347

플라톤은 소크라테스의 제자로 스승이 억울하게 죽은 뒤 스승을 죽인 사람들이 자신을 위협하자 아테네를 떠나 있다가 다시 돌아와 지금의 대학과 같은 아카데미를 설립합니다.

그는 그곳에서 학생들에게 학비를 받지 않고 과학, 체육, 철학 등과 같은 다양한 학문을 가르쳤습니다. 그곳 아카데미의 현관에는 '기하학을 모르는 자는 이곳에 들어올 수 없다'는 문구를 붙여 놓아 논리적인 사고를 강조했다고 합니다.

플라톤에게는 수많은 제자가 있었는데 그중 아리스토텔레스와 고대 시칠리아 섬의 군주인 디오니시소스 2세도 포함돼 있었습니다. 플라톤은 디오니시소스 2세를 통해 철학을 아는 사람이 나라를 다스리는 이상적인 국가인 '철인정치'를 펼쳐 보이고 싶어 했습니다.

말 한마디에도 영혼이 있단다
아리스토텔레스

BC384~BC322

아무리 어린 아이들이라도 내 이름을 한번쯤은 들어 본 적이 있을 거야. 그래, 나는 그리스의 철학자 아리스토텔레스란다.

나는 주로 정치에 관련된 철학을 많이 공부했고 그것을 이용해서 귀족의 자녀들을 교육시키기도 했어. 그래서 많은 제자들이 정치에 직접적으로 참여를 했고 내 가르침에 따라서 백성을 다스렸단다.

생물학자, 혹은 과학자로도 불리는 나는 그 당시의 학자답게, 경계가 없이 모든 학문을 연구하고 공부할 수 있었단다.

실제로 내가 가설을 세웠던 천동설, 즉 하늘이 지구를 중심으로 돌고 있다고 한 이야기는 그 후 지구가 돌고 있다는 이야기가 나올 때까지 많은 과학자들에게 진실로 받아들여졌었지. 뿐만 아니라 생물에 대한 분류는 2천 년간 많은 생물학자들에게 불변의 진리처럼 이용되어 왔단다.

나는 그리스의 북부에 있는 작은 도시, 스타게이라에서 의사의 아들로 태어났어. 그래서인지 아버지는 내게 많은 종류의 교육을 시켜 주었단다. 덕분에 나는 어려서부터 학문에 눈을 뜨게 되었단다. 또한 과학이 얼마나 신비로우며, 인간이라는 것이 얼마나 신비한 존재인가에 대해서 생각하게 되었지. 내가 이러한 생각을 자연스럽게 할 수 있게 되었던 것은 아버지의 영향이라고 해도 과언은 아닐 것이란다.

나는 학문을 좀 더 배우고 싶었어. 그런데 마침 소크라테스의 제자인 플라톤의 아카데미가 있다는 이야기를 들었지.

"아버지, 저는 조금 더 많은 것을 배우고 싶어요. 저를 아테네로 보내 주시면 안 될까요?"

나는 아버지에게 부탁을 했어. 아버지는 무엇을 배우고 싶은지 물었고 나는 생물과 철학에 대해서 공부하고 싶다고 대답했지.

"그래, 네가 그렇게 확실히 하고 싶은 게 있다면 가 보는 것도 괜찮겠지. 보다 넓은 세상을 보고 배워서 돌아오너라."

아버지는 내 뜻을 인정해 주었어.

나는 아버지의 지원으로 아테네로 떠나 그곳에서 플라톤의 아카

아리스토텔레스

데미에 들어갔지.

그리고 그곳에서 수많은 것들을 배웠단다. 막연하게 흥미를 가지고 있었던 것에 그치는 것이 아니라 그것을 논리적으로 말하는 방법에 대해 배우게 되었단다. 공부를 하는 동안 나는 플라톤의 영향을 아주 많이 받았는데, 그중의 하나는 자연이 움직일 때 어떠한 목적을 가지고 있다는 것이었어. 하지만 나는 사물의 본질이 구체적인 사물과는 별도로 존재한다는 플라톤의 주장을 부정했단다.

예를 들면 책상이라는 것이 있다고 가정을 해 보자. 나는 이 책상의 본질이 책상이라는 구체적인 물질과는 분리해서 볼 수 없다고 한 거야.

내가 가르친 제자들 중에서는 알렉산더 대왕도 있었어. 그의 스승으로 나의 이름이 사람들에게 널리 알려지자 나에게 지혜를 묻는 사람들이 많이 찾아왔어.

그러던 어느 날 한 청년이 나를 찾아왔지.

"선생님, 저는 어떻게 해도 공부가 너무 재미없습니다. 어떻게 하면 재미있게 공부를 할 수 있을까요."

나는 그에게 이렇게 대답을 했단다.

"참고 견디는 게 아니라 자진해서 하는 것, 이것이 유쾌한 것의 본질이다. 음악은 듣기만 하고 스스로 노래하지 않으면 별로 재미가 없다. 그러므로 음악은 귀로써가 아니라 목청으로 맛보는 것이다. 아름다운 그림도 그 즐거움은 제 손으로 색칠을 한다든가 수집을 하지 않으면 그다지 재미를 모른다. 때문에 인간의 행복은 탐구하고 정복하는 데 있다."

그러고는 이렇게 덧붙였지.

"진정으로 공부를 즐기고 싶다면 먼저 좋아하는 것을 하는 것이 좋다. 자네는 참된 음악가가 어떤 사람인지 알고 있나?"

"음악을 하는 사람이 아닙니까?"

"자네의 말은 맞기도 하지만 틀리기도 하지. 참된 음악가란 음악을 즐기는 사람, 참된 정치가란 정치를 즐기는 사람을 말한다네. 이처럼 모든 즐거움은 힘, 곧 활동을 전제로 한다네. 그러니 자네가 진정으로 즐겁게 할 수 있는 것을 찾는 이외에 공부가 즐거워지는 다른 방법이 있을 리가 없지 않은가."

청년은 내 말을 듣더니 그러면 즐겁게 할 수 있을만한 것을 찾아보겠다고 내게 인사를 하고는 자리를 떠났단다.

그 외에도 나는 나의 논리를 보다 간결하게 사람들에게 전달하기 위해서 노력을 했어. 길게 연설을 하는 것보다 가슴에 남는 한마디가 더욱 좋은 게 아니겠니? 그 말 한마디를 떠올리면서 사람들이 내 사상을 이해하고 받아들일 수 있도록 하려고 노력을 했지.

아리스토텔레스

그리고 또 한 제자가 말했지.

"스승님은 이 세상에 벌어지는 범죄의 원인은 무엇 때문이라 생각하십니까? 어떤 사람은 그것이 인간의 욕망 때문이라고도 하던데요."

"그건 아니다. 최대의 범죄는 욕망이 아니라 배부름에 의해서 일어난다고 생각한다. 욕망이 있어 일으키는 범죄는 순간적으로 벌어지는 것이 대부분이지만, 자기 배를 더욱 불리기 위해서 일으키는 범죄는 그 규모가 크고 내용 또한 참혹한 것이 많단다. 너희는 최대의 범죄가 한 사람이 배고픔에 누군가를 죽이는 것이라 하겠느냐, 아니면 더 많은 땅을 차지하기 위해서 이웃 나라를 치고 그 나라의 백성을 죽이는 것이라고 하겠느냐."

제자들은 내 말에 모두 고개를 끄덕였지.

한 번은 내가 아이들을 가르치는데 이런 일이 생겼단다.

집안도 꽤 부자인 한 아이가 있었는데, 이 아이는 다른 아이들을 무시하고 깔보는 바람에 다른 아이들에게 미움을 받고 있었어.

그런데 어느 날인가 싸움이 나서 가보니 그 아이와 아이들의 우두머리 격인 아이 둘이서 다투고 있었지. 나는 둘을 데리고 와서 조용하게 이야기를 들어 주었어.

"전 나름대로 부족한 것 없고 앞으로 훌륭한 사람이 될 사람이에

아리스토텔레스

23

요. 그런데 이 녀석이 우두머리라고 저한테 명령을 하잖아요!"

부잣집 아이는 분한 듯 씩씩거리면서 이유를 설명했지.

"너는 지도자가 되고 싶으냐?"

"그야 물론이죠. 아버지도 제가 선생님께 공부를 배우면 커서 지도자가 될 수 있을 거라고 했는걸요."

"그렇다면 나는 네게 더 이상 가르칠 것이 없구나. 앞으로는 이곳에 배우러 오지 않아도 좋다."

"예?! 왜요?!"

그 아이가 다급하게 나를 붙잡았지. 나는 아이에게 말했어.

"남을 따르는 법도 알지 못하는 사람이 어떻게 좋은 지도자가 될 수 있겠느냐? 남을 따르는 법을 알아야 다른 사람이 나를 따르도록 할 수도 있는 법이야."

내 말에 그 부잣집 아이는 크게 뉘우치고, 그 다음부터는 학교에서 다른 아이들과 어울려서 지내도록 노력을 했단다.

현실주의 아리스토텔레스

이 세상은 이데아의 허상에 불과하다고 주장한 플라톤에 반해 그의 제자 아리스토텔레스는 이데아는 따로 없고, 현실 속에 이데아가 있다고 주장했다.

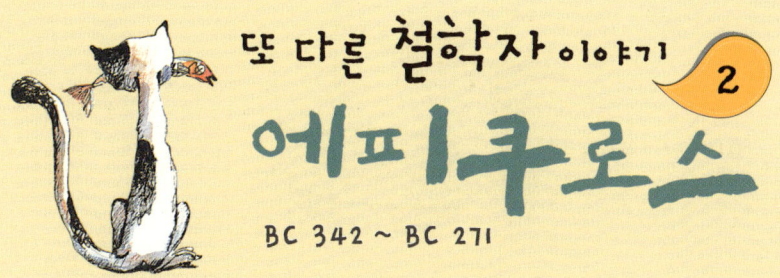

또 다른 철학자 이야기 2
에피쿠로스
BC 342 ~ BC 271

에피쿠로스는 기원전 342년 사모스 섬에서 태어났습니다. 사모스 섬은 아테네의 식민지였습니다.

에피쿠로스가 내세운 사상은 쾌락이었습니다. 쾌락이란 말에 사람들은 오해를 하기 쉽지만 그가 말한 쾌락은 정신적인 쾌락이었습니다. 바로 행복이었죠.

육체적인 쾌락은 때때로 큰 고통이 따릅니다. 맛있는 음식이라고 할지라도 너무 많이 먹게 되면 탈이 나거나 소화가 되지 않아 하루 종일 배앓이를 할 때가 있습니다.

에피쿠로스는 먹고 사는 것에 대한 근심과 염려, 또 죽음 때문에 당하는 고통 등 어떤 일에도 흔들리지 않는 안정된 마음의 상태를 가리키는 '아타락시아'를 목표로 삼았습니다. 이런 에피쿠로스는 '나에게 빵과 물만 있다면 제우스보다 행복할 수 있다!'고 했답니다.

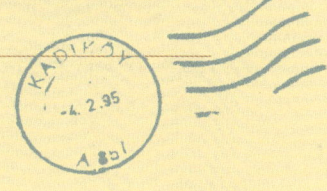

진정 중요한 것은 눈에 보이지 않는 마음이란다

공자

BC551~BC479

너희들 혹시 『논어』라는 책을 알고 있니?

내가 제자들과 주고받은 문답을 통해 인생의 교훈이 되는 말들이 적혀있는 『논어』는 바로 유교 경전의 가장 기본이 되는 책이란다. 그래서 조선시대 과거에 급제를 하기 위해서는 먼저 『논어』와 『사서삼경』을 공부했지.

유교는 인(仁), 의(義), 예(禮), 지(智) 이렇게 네 가지를 중요하게 강조한단다. 인(仁)이라는 것은 부드럽고 착한 마음으로 사람을 대하는 것이고, 의(義)라는 것은 사람과 사람의 끈끈한 관계를 의미한단다. 예(禮)는 예의를 갖추고 상대를 대하는 것이며, 지(知)라고 하는 것은 빼어난 지식이지.

나는 사는 동안 여러 제자들을 키웠고 또 그 제자들과 여러 곳을 다니며 많은 경험을 했지.

그중에 기억나는 제자로 안회라는 사람이 있단다.

안회는 내 제자들 중에서 가장 머리가 좋았지. 그리고 무엇보다 공부 하는 것 자체를 즐기는 아이였단다.

안회의 집은 매우 가난했기 때문에 일을 하지 않으면 굶는 날이 이어졌었지. 그런데도 안회는 공부를 포기하지 않았단다. 그는 낮에 일을 하고 지친 몸으로 달빛에 의지해서 책을 읽곤 했단다.

언젠가 한 사람이 내게 '제자들 중에 누가 제일 뛰어납니까?' 하고 물은 적이 있었는데, 나는 조금의 망설임도 없이 안회라고 대답을 했지.

예전, 내가 진나라와 채나라 사이에서 매우 가난하게 지낼 때의 일이었단다. 그때 우리 일행은 1주일간 음식을 먹지 못하고 굶었지. 안회는 나를 안심시키고 식량을 구하러 다녔지만 끼니거리를 쉽게 구하지 못하여 애를 태웠단다.

그러던 어느 날, 마침내 안회가 쌀을 구해 왔지.

"얼른 이 쌀로 밥을 지어 올리겠습니다!"

안회가 쌀을 끌어안고 얼른 부엌으로 들어갔단다.

나는 화장실에 다녀오다가, 부엌에서 밥을 짓는 안회를 우연히

볼 수 있었단다.

'아니, 저건?'

나는 놀람과 실망의 기분이 교차했단다. 안회가 솥을 열더니, 그 안에서 밥을 한 수저 꺼내서 떠먹는 게 아니겠니. 본래 윗사람에게 올릴 음식은 함부로 먼저 수저를 대는 것이 아니란다. 그것을 잘 알고 있는 안회가 그런 짓을 했던 것이 너무도 실망스러웠지.

나는 안회가 상을 차려 방으로 들어왔을 때 이렇게 말했단다.

"방금 꿈을 꾸었는데 돌아가신 아버지를 만났단다. 아버지께서는 꼭 살아 계실 때처럼 꿈에 나타나셔서 쌀밥을 드시고 싶어 하셨다. 내가 아무리 배가 고파도 돌아가신 아버지에게 깨끗한 이 밥을 먼저 드리고 먹어야 하겠다."

그러자 안회는 놀라며 말했어.

"안됩니다. 조금 전에 보니 쌀밥에 수수가 들어 있었습니다. 선생님께 쌀밥을 대접하고 싶었습니다. 그러나 수수도 먹는 음식이라 버릴 수도 없고 해서 제가 집어먹고 말았습니다. 그러니 이 밥은 제가 먼저 맛을 본 것이므로 이미 깨끗한 밥이라 할 수가 없습니다. 그러니 이번에는 스승님께서 그냥 드시고, 내일이라도 제가 다시 쌀을 구해 밥을 지어드릴 테니 돌아가신 아버님께 올리도록 하십시오."

이 말을 듣자 나는 그만 창피해져서 입을 꾹 다물고 말았단다. 이토록 나를 공경하고 생각하는 안회를 잠시나마 괘씸하게 생각하고 의심했던 내 자신이 너무 부끄러웠단다.

나는 여러 곳을 다니면서 많은 깨달음도 얻었단다. 한번은 제자들과 함께 산길을 걷고 있을 때였지.

"흑, 흑, 흑……."

어디선가 여인의 울음소리가 들리더구나. 나는 어디서 들리는 소리인지 주위를 두리번거렸단다. 그런데 그때 내 눈에 들어온 것은 어느 무덤 앞에서 슬피 울고 있는 한 여인이었단다. 내 제자 중의 한 명인 자로가 여인에게 우는 이유를 물었지.

"어째서 그리 슬프게 울고 계십니까?"

자로가 묻자 여인은 이렇게 대답했지.

"이곳은 무서운 곳입니다. 오래 전에 제 시아버님이 호랑이에게 물려 돌아가시고 얼마 전에는 제 남편이 물려 죽었답니다. 그리고 이번에는 제 자식이 호랑이에게 죽고 말았습니다. 그러니 어찌 슬퍼하지 않을 수 있겠습니까."

"그런데 왜 다른 곳으로 이사하지 않는 겁니까?"

자로가 도무지 이해할 수 없다는 얼굴로 묻자 여인은 이렇게 대답했단다.

"이곳에는 마구 세금을 거둬들이고 재물을 빼앗는 관리가 없기 때문입니다."

나는 제자들에게 그 여인의 모습을 결코 잊지 말고, 만약 가혹한 폭군이 있는 나라에 가서 마음을 다해서 간언을 할 때는 오늘을 떠올리라고 일렀지.

또 이런 일도 있었단다.

그때도 나는 제자들과 함께 길을 가고 있었지. 그런데 멀리서 나를 발견한 한 노파가 내게 달려오더니, 토기에 담긴 보리죽을 한 그릇 내밀더구나.

"이것이 무엇이오?"

"선생님은 언제나 세상을 구하려 힘을 쓰시지요. 비록 미천하지만 이것으로 허기를 채우고 길을 떠나세요."

"그럼 감사히 먹겠습니다."

나는 정중하게 사례의 인사를 한 다음 노파가 준 보리죽을 매우 맛있게 먹었단다.

그리고 돌아서서 길을 떠나자 제자가 물었어.

"끓인 음식은 싸구려인데 어찌 그것을 드시면서 그렇게 정중한 인사를 하셨습니까?"

"그 뜻이 존귀하기 때문이다. 너희도 역시 잊지 말거라. 진정으로 중요하게 생각해야 하는 것은 눈에 보이는 것이 아니라 눈에 보이지 않는 마음인 것이다."

내 말에 제자들은 고개를 끄덕였단다.

공자의 인(仁)

공자는 인간이 갖추어야 할 4가지 사상, '인(仁):어짊, 의(義):옳음, 예(禮):예의, 지(智):지혜'를 제시하였고, 그중 군자의 덕목으로 강조한 인(仁)을 중요시 여겼다. 그는 '인(仁)'을 단지 도덕규범이 아닌 사회질서 회복에 결정적 역할을 할 수 있는 정치사상으로 생각했다.

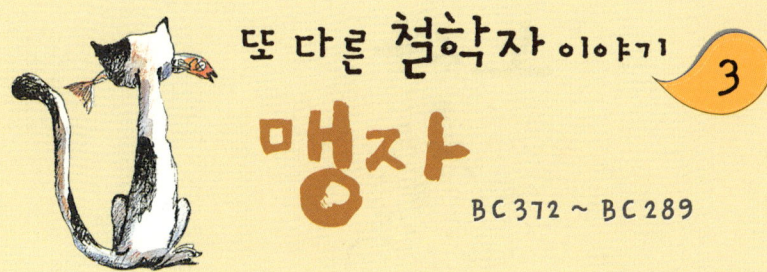

또 다른 철학자 이야기 ③
맹자
BC 372 ~ BC 289

혼란한 중국의 춘추전국 시대 때 도덕으로 나라를 다스리는 왕도정치를 주장했던 맹자는 어릴 적 개구쟁이로 유명했습니다. 맹자의 어머니는 그런 맹자 때문에 늘 걱정이었습니다.

그러던 어느 날 맹자의 가족이 묘지 근처로 이사를 가게 되자 맹자는 그곳의 아이들과 어울려 '아이고 아이고' 하며 장례 흉내를 내면서 놀고 있었습니다.

그것을 본 맹자의 어머니는 당장 짐을 싸서 다른 곳으로 이사를 갔습니다. 그곳은 곳곳에 학교가 자리잡은 조용한 곳이었습니다. 마을 전체에 아이들의 글 읽는 소리가 바람을 타고 은은히 울렸습니다. 그러자 맹자도 다른 아이들처럼 책을 읽기 시작했습니다.

맹자의 교육을 위해 여러 번을 이사한 이야기를 일컬어 '맹모삼천지교(孟母三遷之敎)' 라고 한답니다.

자연 속에 철학이 있단다
노자

너희는 내 이름을 알고 있니? 나는 노자라는 사람이란다. 너희가 흔히 도교라고 해서 알고 있는 그 철학을 만든 사람이지.

나는 원래 주나라 '장서실(藏書室)'이라고 하는 국립 도서관 관리자였단다. 나는 그곳에서 책을 관리하면서 시간이 날 때마다 책을 보는 것이 생활이었어.

도서관에서의 일은 깊은 생각을 할 수 있게 도와주었고 내 철학을 발전시켜 자연 속에서 사람의 존재를 찾는 도교라는 철학의 바탕을 만들 수 있도록 했지. 하지만 내가 장서실에서 일하는 것은 그리 오래 가지 못했단다.

주나라는 비록 강한 나라였지만 백성들에게 혹독한 편이었기 때문에 금세 그 기반이 흔들리고 말았거든. 왕들은 모두 강한 왕이 되기를 원할 뿐, 약한 사람들의 말을 들어 주는 인자한 왕은 어디에도 없었단다.

결국 나는 주나라를 떠나게 되고 말았단다.

그때 도교에 관심이 많았던 윤희라는 사람이 내가 주나라를 떠나려는 것을 알고 이런 부탁을 했지.

"선생님께 부탁이 하나 있습니다."

"무엇입니까. 내가 할 수 있는 일이라면 좋겠군요."

그러자 그가 붓과 종이를 꺼내며 말했어.

"이전부터 선생님의 글에 많은 관심을 가지고 있었습니다. 그래서 말인데, 저를 위해서 책을 하나 남겨 주지 않으시겠습니까?"

나는 그에게서 붓과 종이를 받아든 다음, 5천여 자로 된 책을 적어 주었단다.

지금까지 『도덕경』이라고 전해지고 있는 책이 그 당시 내가 윤희에게 적어 준 그 글이란다.

그럼 이쯤에서 도교에 대한 이야기를 해 볼까?

도교라는 것은 자연에서 인간이 가야할 길을 찾는 것이란다.

물이 위에서 아래로만 흐르듯이 군주의 덕이라는 것도 위에서 아래로 흘러내린다는 것을 말한단다.

시간이 흐르면서 계절이 바뀌는 것과 같이, 나이에 맞게 행동을 해야 한다는 것과 사람이 가져야 할 모든 것이 바로 자연에서 나온다는 것이 도교의 기본 사상이란다.
　나는 자연이 인간과 공존하는 것이 가장 좋은 방식이라고 생각한단다. 사람은 늘 그렇듯이 자연을 소중하게 생각해야 한다고 주장했어.

　나는 주나라를 떠난 후, 깊은 산속으로 들어가 버렸단다. 너희는 무위자연이라는 말을 들어 본 적이 있니?
　무위자연이라는 것은 욕심을 버리고 도에 따라 생활을 하면 스스로 모든 것이 이루어진다는 것이야. 곧 자기 스스로 자연과 하나가 되는 것이 도교가 얻을 수 있는 최고의 상태라고 생각한 것이지.
　나의 이런 생각은 공자의 유교와는 정반대란다. 유교는 사람이 중심이고 자연은 인간을 위해 존재하는 것에 지나지 않는다고 했지. 하지만 나는 자연이 먼저이고 그 자연에 묻혀서 살아가고 있는 것이 인간이라고 여겼어.
　나는 사람들이 가지고 있는 예의라는 것이 너무 딱딱하고 인위적이기 때문에 그런 것은 불필요하다고 주장했어.
　하지만 결국은 아무도 들어주지 않더구나. 그것은 왕이나 지배를

하고 있던 수많은 제후들에게 쉽게 받아들여지지 못할 생각이었으니까 말이야. 하지만 결국 그러한 예의나 사람을 억누르는 여러 정치사상들 때문에 전쟁이 일어나고 제후들이 중국을 차지하기 위해서 많은 백성들의 피를 봐야만 했어.

나는 그것이 지금도 늘 마음 한구석에 커다란 아쉬움으로 자리하고 있단다.

후에 나에 대해서 공부를 하는 사람들은 나에 대해 이렇게 이야기를 하더구나.

"노자의 삶에 대해서는 분명히 배울 점이 있어. 노자는 그 당시에 벌써 자연의 소중함에 대해서 알고 있었고, 그것을 사람들에게 널리 알려서 몸으로 실천하게 하려고 했지. 뿐만 아니라 세상을 얻으려고 할 때는 전쟁과 같이 누군가의 피를 바탕으로 해서 만들어지는 나라가 아니라 서로의 마음을 열어서 자연스럽게 커다란 나라가 되는 것이 옳다고 주장을 했지. 지금의 세상에는 노자의 생각이 더 잘 들어맞는 것이 아닐까?"

이렇게 나에 대해서 좋게 생각을 해주는 사람도 있지. 하지만 그렇지 않은 사람도 있단다.

"노자는 결국은 겁쟁이 패배자에 지나지 않아. 결국은 스스로 바꾸려고 한 것은 아무것도 없잖아?"

"사회의 잘못을 고치려 하지 않고 그냥 잘못되었다는 생각만 하고 홀로 세상을 떠나 버린 것은 철학자로서 해서는 안 되는 일이 아니었을까? 실제로 도교가 나라를 만들고 새롭게 가꾸는 데에 아무런 힘도 쓰지 못한 것은 사실이잖아?"

"인간은 사회적인 동물인데 그런 인간이 자연으로 돌아가서 대체 뭐가 된다는 말인지…… 답답하기 그지없다니까."

나에 대한 이야기가 이처럼 두 가지로 나뉘어 있더구나.

너희는 어느 쪽의 말이 맞는 거라고 생각하니? 나는 두 가지가 모두 맞기도 하고, 또 틀리기도 한 것 같단다. 왜냐하면 도교라는 것 자체가, 결코 나라를 크게 키우고 다스리는 데에 적합하지 않다는 것을 나 스스로 잘 알고 있기 때문이야.

나는 철학자라고 하기에는 지나칠 정도로 정치에 끼어들지 않았단다. 애초에 도교사상이라는 것 자체가 정치사상과 크게 가까워질 수 없었던 것도 있었어. 하지만 무엇보다 나 스스로 그러한 자리에 설 수 있을 정도의 그릇이 되지 못한다는 것을 알고 있었지.

나중에 내 『도덕경』을 기본으로 하여 도교를 더욱 크게 만들고, 내게는 모자랐던 정치사상을 붙여 넣었던 것이 장자라는 사람이란다. 그는 도교를 정치에 사용할 수 있도록 많은 발판을 만들었고, 그 덕분에 후에 당나라에서는 도교를 국교로 선포하고 사람들에게

도교를 배울 수 있는 공간을 마련해 주기도 했었지.

나의 철학은 자연과 함께 하는 사람의 정신과 생활에 관한 것이었단다. 내 생각이 지금 너희가 배우고 싶어 하는 철학과 어느 정도 가까운지 그것은 잘 모르겠구나. 하지만 중요한 것은 철학의 종류가 아니라, 어느 정도로 공부를 하고 생각을 정리하고 싶은지, 그 깊이가 아닐까 하는 생각이 들어.

노자의 무위자연

인위적으로 꾸미거나 억지로 가공하지 않고, '자연'의 성질이나 모습을 있는 그대로 지키는 것이 노자가 주장한 무위자연 사상의 핵심이다. 유교(儒敎)가 목적 추구의 의식적 행위인 유위(有爲)를 제창한 것에 비해 도교는 이를 부정하는 무위(無爲)를 제창하였다. 또 역설적으로 '무위에서야말로 완성이 있다'고 주장했다.

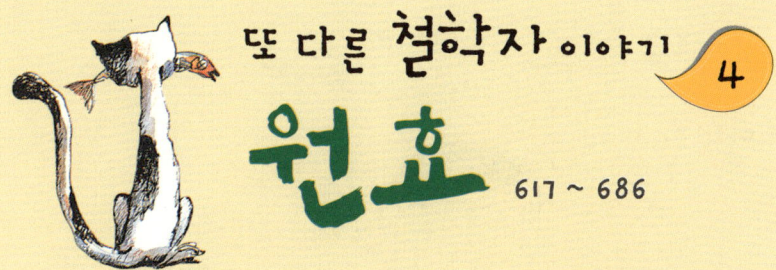

또 다른 철학자 이야기 4
원효 617~686

원효는 불교를 더 자세히 공부하기 위해 의상 대사와 함께 당나라로 가던 중 날이 어두워져 동굴에서 하룻밤 지내게 되었습니다.

그런데 날이 밝아 잠에서 깨어난 원효는 너무 놀라 비명을 지르고 말았습니다. 물이 담겨 있는 바가지가 글쎄 사람의 해골이었던 것이었습니다. 원효는 밖으로 뛰쳐나가 구역질을 해 대기 시작했습니다. 그러면서 문득 한 가지 생각이 머리를 세게 쳤습니다.

"그래, 바가지에 담기든, 해골에 담기든 물 자체는 똑같아. 문제는 내 마음이야."

그길로 원효는 당나라 유학을 포기하고 다시 신라로 돌아갔습니다. 그는 '세상 모든 사물은 마음이 만든다'는 '일체유심초'를 설파하며 불교의 대중화를 위해 평생을 노력했답니다.

진정한 행복을 찾는 사람이 되거라
디오게네스

BC 412~BC 323

너희는 견유학파를 알고 있니? 내가 살았던 곳은 아주 오래 전의 그리스란다. 당시 그리스에서는 여러 가지 철학의 학파와 많은 철학자가 살고 있었지. 그리스의 전성기는 곧 철학의 전성기라고 해도 과언이 아니지.

나는 바로 그 시대에 그리스에 살고 있었던 디오게네스라는 사람이란다. 그리고 견유학파라는 철학의 한 장르를 만든 사람이지.

견유학파라는 것은 '이 세상에서 아무런 외적인 속박을 받지 않고 자유롭게 살아가는 것을 최고의 행복으로 여기는 것'이라 보면 된단다.

우리는 집과 가족 등, 사람을 구속하는 것에서부터 벗어나야만

한다고 생각했고, 그렇게 하기 위해서 노력했단다. 심지어는 집조차 갖지 않은 채 간신히 더위와 추위를 피할 수 있는 조그만 통 하나에 모든 것을 의지하면서 생활하기도 했지. 음식을 먹거나 잠을 자고 싶은 욕구에서 벗어난 행동 때문에 사람들은 우리를 금욕적인 사람이라고 평가했단다.

그러던 어느 날이었지. 나는 마케도니아라는 나라의 왕인 알렉산더 대왕을 만나게 되었단다. 마케도니아가 페르시아와 전쟁을 치르기 바로 전날이었지.

그날은 무척 날씨가 좋아서, 나는 길가에서 통 하나를 내놓고 기분 좋게 통에 기대고 앉아서 햇볕을 쬐고 있었단다.

"부디 무사히 돌아오시기를."

"신이 항상 곁에서 지켜 주실 겁니다."

사람들은 그의 출병을 축복하고, 그의 앞길에 좋은 일이 가득하기를 기원했어. 그의 출병을 보려고 수많은 사람들이 전국에서 몰려들었고, 그의 출병에 대해 한마디씩 건네고 있을 때였단다.

'전쟁이라는 것은 누구를 위한 것인가? 누군가를 죽이러 가는데도 축복을 하다니, 이 사람들의 머리가 어떻게 된 것이 아니야?'

나는 속으로 중얼거렸지. 전쟁이라는 것이나 정치에는 전혀 관심이 없었어. 그게 다른 철학자들과 견유학파의 다른 점이었단다.

알렉산더 대왕은 철학자로 유명한 아리스토텔레스의 제자였단다. 그는 아리스토텔레스에게 철학을 배운 사람이었기 때문에 철학에 남다른 관심이 있었지. 그런 알렉산더 대왕이 내게 다가왔어.

나는 통에서 제대로 일어서지 않고 상체만 일으킨 채 알렉산더 대왕을 바라봤지.

"나는 알렉산더라는 사람이오. 아리스토텔레스의 제자였고, 지금은 마케도니아의 왕이지요."

"그래서요?"

나는 그에게 되물었어. 사람들은 내가 큰 잘못이라도 한 것처럼 수군거리기 시작했지. 하지만 나는 귀찮은 표정을 하고 그를 빤히 바라보았단다.

"나는 이제 곧 페르시아와의 전쟁에 참전하게 됩니다. 그런데 내가 듣자하니, 당신의 이름이 굉장히 유명하더군요. 부디 나를 위해 한 마디 해 주지 않겠습니까?"

"난 특별히 해 줄 말이 없소이다."

나는 퉁명스럽게 대답했지만 그는 표정 하나 바뀌지 않았지.

"보아하니 제대로 된 곳에서 지내는 것 같지는 않군요. 내가 당신을 위해서 뭔가 소원을 하나 들어주고 싶습니다. 뭔가 원하고 필요한 것이 있다면 말해 주세요. 집이나 재물이나, 원하는 것을 어느

45

정도는 맞춰서 드릴 수 있습니다."

그의 말에 나는 망설이지 않고 이렇게 대답해 주었단다.

"소원이요? 물론 있습니다. 부탁이니 제발 좀 비켜 주지 않겠습니까? 햇볕을 가려서 모처럼의 일광욕이 엉망이 되고 있거든요."

내 말에 그는 당황해서 얼른 옆으로 비켜섰어. 나는 다시 따사로운 햇볕이 들어오는 것을 느끼면서 기분 좋은 일광욕을 즐기기 시작했지.

그는 나를 잠시 동안 빤히 바라보더니, 신하들과 함께 그 자리를 떠나 버렸단다. 그리고 부하들에게 이렇게 말했단다.

"그는 정말 대단한 사람이다. 만약 그가 내게 집이나 재산을 원했다면 나는 오히려 그에게 실망했을 것이다."

그리고 그 후, 알렉산더 대왕은 입버릇처럼 이렇게 말했다고 해.

"여러분은 어떻게 생각할지 모르겠지만, 만약 내가 알렉산더가 아니었다면 디오게네스가 되고 싶소."

한 번은 어떤 사람이 나를 찾아왔단다. 그는 철학을 공부하고 있었고 아테네에서 꽤 이름이 있었던 철학자였지.

그는 견유학파라는 것에 매우 흥미를 가지고 있었기 때문에 나의 철학을 배우고 싶어 했어.

"좋은 책을 하나 추천해 주시지요."

그의 말에 나는 이렇게 대답했지.

"견유학파는 책을 쓰지 않습니다."

"그러면 뭔가 참고가 될 만한 것은 없습니까?"

"없습니다."

그러자 그는 나를 비웃듯이 말했어.

"당신의 이름이 이쪽에서는 꽤 유명하다 들었습니다. 그런데 책을 하나도 쓰지 않았다니, 어떻게 책을 쓰지도 않았으면서 유명한 철학자가 될 수 있었던 겁니까? 사실은 어떤 책을 썼는데 그것을 말해 주지 않는 게 아닙니까?"

그의 말에, 나는 옆에 떨어진 무화과를 들어서 만지작거리면서 그에게 되물었지.

"이것이 무엇인가?"

"무화과가 아닙니까."

"자네는 진짜 무화과보다 그림 속의 무화과가 더 좋은가? 나는 아무리 봐도 직접 먹을 수 있고 만질 수 있는 진짜 무화과 쪽이 더 좋은데 말이야."

내 말에 그는 내가 하고자 하는 말을 알아차리고는 이내 입을 꾹 다물어 버리고 말았단다.

아무리 책을 읽어도 실제로 그것을 몸으로 겪는 것 이상 좋은 게

47

없단다. 그래서 이런 말도 있지 않니?

"백번을 듣는 것보다 한 번 보는 것이 낫다."

철학이라는 것은 남들에게 보여주기 위한 것이 아니란다. 자기 자신이 행복하기 위해서 하는 것이 바로 철학이야. 그렇기 때문에 철학이라는 이름으로 사람의 위에 서려고 하거나 사람을 다스리려고 해서는 안 돼. 적어도 나는 그렇게 생각한단다. 그것이 내가 삶을 살아가면서, 그리고 철학을 하면서 지키려고 했던 단 한가지의 신념이었단다.

견유학파 디오게네스

견유학파의 대표적인 철학자 디오게네스는 단순하고 간소한 생활을 추구하면서 권력이나 세속적인 일에 속박되지 않았다. 그는 세계시민으로 자칭하여 설교 여행을 다니기도 했다. 이 학파의 생활 방식은 나중에 스토아학파 등에도 영향을 주었다.

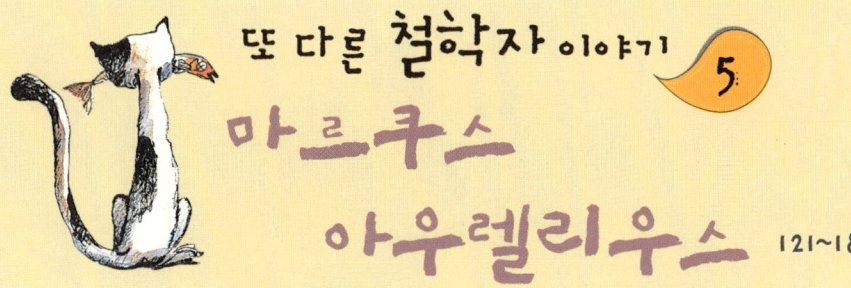

또 다른 철학자 이야기 5
마르쿠스 아우렐리우스 121~180

소크라테스의 제자인 플라톤은 철인정치를 주장했습니다. 철인정치란 지혜로운 철학자가 나라를 다스리는 정치를 말합니다. 플라톤은 왕이 철학을 안다면 백성들을 올바로 이끌 수 있다고 생각했습니다.

그런데 정말 철학자인 황제가 있었습니다. 그는 바로 로마의 5현제 중 한 사람인 아우렐리우스 황제였습니다. 그는 스토아철학의 사상에 따라 생각하고 행동하는 황제였습니다. 스토아철학은 자연에 순종하는 삶을 으뜸으로 꼽았으며, 그에 따라 육체적 쾌락을 멀리하고 도덕적이고 금욕적인 생활을 하도록 주장했습니다. 아우렐리우스 황제 역시 비록 황제의 신분으로 많은 전투에 나가 치열한 싸움을 벌여야 했지만 철학자로서의 삶을 지키며 매일 『명상록』을 쓰면서 자신의 몸과 마음을 가다듬었습니다.

철학이란 생각을 생활로 만드는 것
장자

BC 365 ~ BC 270

나를 소개하기 전에 먼저 내가 꾼 신기한 꿈 이야기를 하나 해 주마. 어느 날 내가 잠시 잠이 들었는데, 갑자기 몸이 가벼워지는 것 같았단다.

'어, 이상하네. 내 몸이 공중에 떠 있어. 어떻게 된 일이지?'

나는 아주 익숙하게 날개를 퍼덕였단다. 그러고는 향기로운 꽃의 향기를 따라서 하늘을 날아다녔단다. 아주 파랗고 드높은 하늘을 말이야. 나는 코끝을 자극하는 달콤한 꽃 냄새를 따라서 자유로운 날갯짓을 했지.

'그래, 꿀을 따자. 나를 유혹하는 향기를 따라서, 세상에서 가장 달콤한 꿀을 찾는 거야.'

나는 매우 즐거워하며 꽃에서 꽃으로, 풀에서 풀로 날아다녔어. 그렇게 날아다니다 보니 어느새 나 자신이 인간이었던 기억조차도 잊어버리고 말았지.

"선생님, 선생님!"

한참 날아다니다 지친 날개를 쉬고 있을 때 누군가의 목소리가 들린 것 같았어. 바로 그 순간이었단다.

"선생님, 무슨 꿈을 그렇게 즐겁게 꾸시기에 깨워도 일어나지 않으세요?"

내가 눈을 뜬 곳은 작고 허름한 방 안이었단다. 그리고 바로 옆에서 나에게 핀잔을 주는 사람은 나의 제자였지.

나는 내 손을 물끄러미 바라봤단다. 나비의 다리가 아닌 인간의 팔과 다리가 붙어있었지.

"나비가 내가 되는 꿈을 꾸고 있는 건지, 내가 나비가 된 꿈을 꾼 건지 알 수 없구나."

사람들은 훗날 이 이야기를 '장주지몽(莊周之夢)'이라고 불렀단다. 장자가 나비가 된 꿈을 꾼 건지, 나비가 장자가 되는 꿈을 꾼 건지 모르겠다는 이야기지.

그래, 나는 바로 장자라는 사람이란다.

중국에는 제자백가라고 해서 훌륭한 사상을 가진 학자들이 많이

장자

있었던 시기가 있었는데, 나는 바로 그 시대에 사람들에게 '아무 것에도 얽매이지 않는 자유로운 삶'을 주장한 사람이란다.

하지만 때때로 나의 가르침에 의문을 품는 제자들도 있었단다.

"스승님, 스승님의 가르침은 정말 그럴듯합니다. 하지만 그것이 지금의 현실에 쓸모가 있는 것인지요? 지금처럼 어지러운 시대에는 사람으로서 마땅히 지켜야 할 도리로 백성에게 가르침을 주어야 하지 않겠습니까? 스승님의 가르침은 현실에 전혀 쓸모가 없는 게 아닌가요?"

제자의 말에 나는 이렇게 대답했단다.

"너의 쓸모 있음과 없음의 기준이 무엇인지 모르겠구나."

나는 제자가 서 있는 땅을 손으로 가리켰지.

"지금 너에게 필요한 것은 네가 밟고 있는 만큼의 땅이란다. 그것을 제외하곤 지금 당장 네게 필요한 땅은 없지. 하지만 네가 딛고 있는 땅 이외의 넓은 땅을 없앤다면 과연 네가 어떻게 그 위에 서 있을 수 있겠느냐. 네게 정작 필요한 땅은 너를 받쳐 주고 있는 게 아니라 네가 당장 필요치 않는 부분이란다."

내 대답에 제자는 얼굴이 붉어져 아무런 대답도 하지 못했단다.

내 아내가 죽었을 때의 일이야. 친구가 날 위로하러 찾아왔었지.

그는 내가 잔뜩 풀이 죽어 있을 거라고 생각했어. 그런데 집 안에 들어서는 순간, 그 친구의 표정이 굳어 버렸단다.

"아니, 자네!!"

그건 바로 내가 돗자리에 앉아 대야를 두드리며 노래를 부르고 있었기 때문이었어.

친구는 얼른 나를 일으켜 세우고는 집 안으로 들어가서 내게 호통을 쳤어.

"어떻게 자네는 평생을 함께 산 아내가 죽었는데 그런 행동을 할 수 있단 말인가! 자네는 부인의 죽음이 전혀 슬프지 않은 건가?!"

나는 친구의 호통에도 표정을 바꾸지 않고 이렇게 말했어.

"아내가 죽었는데 나라고 왜 슬프지 않겠나. 그러나 잘 생각해 보게. 형체를 갖춘 생명은 기(氣)가 모인 것이고 형체를 잃고 죽은 것은 기가 흩어진 것이라고 도교에서 가르치고 있지 않는가. 이처럼 형체가 있는 삶에서 형체가 없는 죽음으로 바뀌는 것은 사계절이 되어 돌아오는 것처럼 당연한 자연의 이치일세. 이 자리에서 내가 울게 되면 자연의 이치를 모르는 것과 같아. 그렇기 때문에 나는 아내의 죽음을 슬퍼하지 않기로 했다네."

나는 노자가 세운 도교의 길을 걸으면서도 조금 다른 것을 제자들에게 가르쳤어. 그 중의 하나가 바로 '숙명'이라는 것이란다.

강자

사람이 태어나고 죽는 것은 마치 계절이 변하는 것과 같아. 계절이 변하면서 새로운 봄이 오는 것처럼, 사람은 죽으면 다시 자연으로 돌아가 새로운 생명으로 태어나게 되는 것이지. 그러므로 나는 죽음이라는 것은 두려워할 것이 아니라 자연스럽게 받아들여야 할 것이라고 늘 제자들에게 말했단다.

다음 계절이 될 때 올가을에 생기는 열매를 가지고 새봄을 맞이할 수 없는 것처럼, 눈에 보이는 재물과 권력에 눈을 두지 말고 좀 더 먼 곳을, 그리고 좀 더 깊은 백성의 마음을 들여다보는 훌륭한 군주를 만나기를 희망한다고 말이야.

자기가 생각하는 것이 곧 스스로의 생활이 되어야 한단다. 생각을 생활하는 데 모든 것으로 여기고 실천하려고 해야 해. 내가 내 생각을 실천하고 믿는다면 그것이 곧 철학이란다.

모든 것은 생각을 바꾸기 나름이란다. 너무 괴롭고 힘든 일을 겪으면 그것을 인생에 한번쯤 생길 수 있는 시련이라고 여기고 즐겁게 이겨 내야 하는 거야. 어떠한 일이든 받아들이는 마음에 따라서 그것이 괴로운 일이 될 수도 있고 즐거운 일이 될 수도 있지.

인간은 자연 안에 묻혀 살아가는 하나의 생명체로 죽거나 사는 것도 모두 자연의 법칙을 따르는 것이지. 그것을 기쁘게 받아들인다면 행복일거야. 나는 거칠고 남루한 옷을 입고 끈으로 발을 동여

장자

맨 신발을 신고 누더기 같은 집에서 생활했단다. 하지만 나는 한번도 그것이 창피하거나 슬프지 않았단다. 마음만으로 나는 큰 부자와 다르지 않았기 때문이지.

> ### 장자의 안명무위(安命無爲)
> 장자는 도를 천지만물의 근원으로 보았다. 도는 억지로 무엇을 하거나 만드는 것이 아닌 스스로 움직이는 존재로 여겼던 것이다. 그래서 그는 사람들이 인위적으로 무엇을 만드는 것들을 싫어했다. 장자는 오리의 다리가 짧다고 해서 길게 해 주거나, 학의 다리의 길다고 해서 자르게 되면 오히려 피해가 생기는 것을 인위로 보았다.

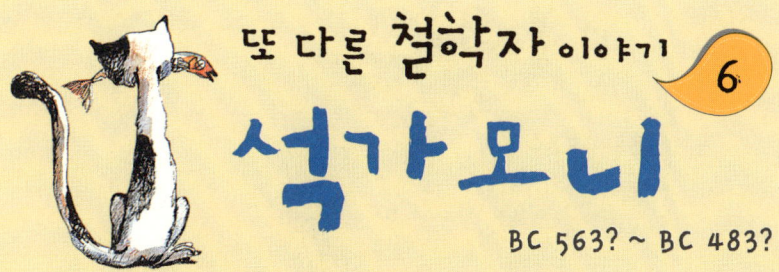

또 다른 철학자 이야기 ⑥ 석가모니
BC 563? ~ BC 483?

석가모니는 불교에서 부처님이라고 부르는 고타마 싯다르타의 별칭 중 하나입니다. 석가모니는 히말라야 기슭에 있는 작은 왕국의 왕자로 태어났습니다. 하지만 병들어 신음하는 백성들과 또 죽어서 성 밖을 나가는 노인들을 보며 사람들이 왜 이런 고통을 당해야 하는지 알아내기 위해 왕자의 신분을 버리고 수행자의 길을 떠나게 됩니다.

그리고 마침내 인간의 마음속에 깃들어 있는 욕심과 나쁜 마음 때문에 인간은 끊임없이 고통을 당한다는 깨달음을 얻었습니다.

석가모니는 수많은 제자들 앞에서 자신이 깨달은 네 가지 진리를 설파하기 시작했습니다. 제자들은 이 네 가지 진리를 사성제(고성제, 집성제, 멸선제, 도성제)라 불렀습니다.

어머니가 나의 가장 큰 스승이었단다
이율곡
1536~1584

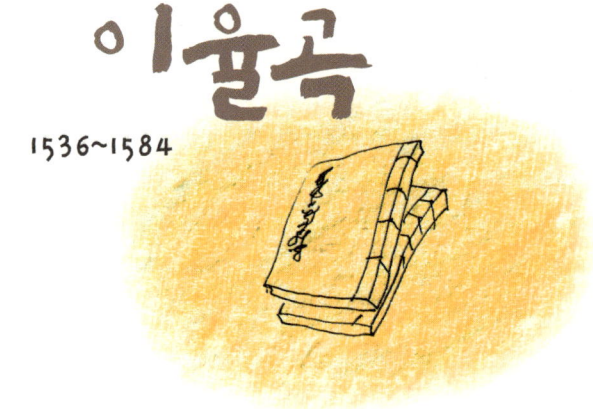

옛날 조선의 이웃에는 지금의 일본인 왜라는 나라가 있었단다. 왜는 늘 조선의 바닷가에서 뱃사람들을 위협했고 해적질을 했지. 하지만 그들은 큰 나라를 만들지도 못했고 그만한 힘도 가지지 못했단다. 그래서 조선에게 있어서 왜는 큰 위협이 되질 못했지.

조선의 학자들은 언제나 왜를 보면서 비웃었고, 그들은 자기들에 비해서 미개하다고 여겼어.

그런데 언젠가, 왜를 한 사람이 통일한 때가 있었지. 나는 임금님께 나아가 이렇게 주장했지.

"전하, 지금은 왜가 작은 나라이지만 나라가 하나로 뭉치게 된다면 조선을 위협할 것은 불을 보듯 뻔한 일입니다. 조선은 거대한 대륙인 중국으로 가는 길이며 동시에 많은 곡물이 자라나는 풍족한 땅입니다. 우리의 해군은 그 규모가 작고 나라를 지키는 군대 또한 그리 크지 않습니다. 바라옵건데, 지금부터 십만 명의 군대를 키워 저들의 침략을 대비하소서."

하지만 내 말을 들은 다른 신하들은 그 의견을 반대하고 나섰지.

"미개한 왜가 감히 우리 조선을 넘볼 수 있단 말이오? 걱정이 너무 심하오!"

많은 대신들의 반대로 임금님도 나의 말을 들어주지 않았어.

나는 몇 번이나 상소를 올리며 말을 전했지만 끝끝내 받아들여지지 않았지.

그런데 그 일이 있고 얼마 지나지 않아 왜는 '임진왜란'을 일으켰고, 군대가 제대로 갖추어지지 않았던 조선은 저항 한번 제대로 해 보지 못하고 큰 위험에 빠지게 되었지.

결국 내 의견을 무시한 탓에 수많은 백성들이 고통을 당했어.

이런, 내 소개가 늦었구나. 나는 그 당시 십만 명의 병사들을 키울 것을 주장했던 이율곡이란다. 어떤 사람들은 율곡 이이라고 부르기도 하지.

내 입으로 말하기가 부끄럽지만 나는 명나라 정치가인 황홍헌과 왕경민 등에게 '스승님'이라는 말을 들을 정도로 유명했던 조선시

대의 유학자였단다.

나는 중국에서 나온 유학이라는 학문을 조선이라는 땅에 맞는 실천 유학으로 만들었다는 사실을 지금도 가장 자랑스럽게 생각하고 있단다.

내가 이런 업적을 쌓을 수 있었던 것은 내가 특별히 남들보다 뛰어나서가 아니라 바로 날 낳고 길러 주신 어머니 덕분이었지.

이미 아는 친구들이 있는지도 모르겠지만 그래, 내 어머니는 신사임당이란다. 어머니는 내게 늘 바른 정치인의 길을 가르쳐 주셨고 동시에 공부를 제대로 하는 법을 알려 주셨지.

내 이야기를 하려면 어머니의 이야기를 빼놓을 수 없구나.

어머니는 내게 항상 이런 말씀을 하셨단다.

"너를 가진 날, 나는 검은 용이 바다에서 날아와 우리 집에 오는 꿈을 꾸었단다. 나는 그 용이 이 나라에 큰일을 할 수 있을 거라고 생각해. 그러나 이것 하나만큼은 명심하거라. 용은 사람보다 높은 곳에서 사람을 내려다보지만 결코 사람을 업신여기지 않는다. 너 또한 용과 같이 항상 높은 곳에서 부드럽게 지켜봐 주어야 하지만 결코 너보다 못한 사람을 깔보거나 무시해서는 안 될 게야."

어머니는 집에서 일을 하는 하인들에게도 늘 정중하게 대할 것을 내게 가르치셨어. 반드시 명령을 하고 위에서 내려다보는 것만이 위엄이 있는 선비가 할 일이 아니라고 하셨지. 그것이 훗날 내가 검소한 생활을 할 수 있게 한 힘이 되었고 정치를 하면서도 한치의 부끄러움 없이 고개를 들 수 있게 한 힘이 되었다.

학식이 넓은 어머니 덕분에 나는 자장가 대신 우리나라와 중국의 여러 이야기를 들으면서 어린 시절을 보낼 수 있었지. 그때의 일이 내가 크게 되는 힘이 되었다고 생각해.

나는 열세 살이 되었을 때 과거에 급제를 했단다. 과거라는 것은 지금으로 치자면 정치인이 되는 하나의 시험이었어.

하지만 나는 과거만이 학문을 하는 것이라고는 생각하지 않아서 그 길을 거절했단다. 나는 과거보다 더 보람 있는 일을 찾아 하고 싶었지. 그런 내 결정에 어머니는 내 편을 들어주셨단다.

"진정한 학문이라는 건 다른 사람을 이끌어 줄 수 있는 사람이 되는 것이란다. 학문은 결코 사람들을 무시하거나 업신여기기 위해 존재하는 것이 아니야."

하지만 어머니가 언제나 내 곁에 있어 줄 수는 없었단다. 내가 열여섯이 되던 해 여름, 내가 세상에서 가장 존경하고 사랑했던 어머니가 그만 세상을 떠나고 말았지. 그때는 내가 견문을 넓히고 좀 더 넓은 세상을 보고 오기 위해서 형과 함께 집을 떠나 있을 때의 일이었단다. 내가 더욱 마음이 아픈 것은 집 근처인 서강 나루에 닿았을

때 어머니가 돌아가셨다는 것이지. 어머니의 마지막 가는 길을 지켜보지 못했다는 것은 내가 죽는 그 순간까지 마음 한구석에 무거운 짐으로 자리할 수밖에 없었단다.

어머니가 세상을 떠난 후, 나는 허무함에 삼 년간 어머니의 무덤 곁을 지켰단다. 사는 것도 죽는 것도 아무런 의미가 없었지.

'어머니, 이 불효자는 어머니의 빈자리가 이렇게 큰 줄 미처 몰랐습니다.'

나는 근처의 절을 떠돌며 시간을 보내고 책에 파묻혀 살았단다. 그러다 불교의 경전 안에서 진정한 진리가 있다는 생각에 불교 사상에 빠진 적도 있었지.

하지만 금강산에 들어간 지 일 년이 지나자, 나는 그것이 내게 아무것도 줄 수 없다는 것을 깨달았단다.

'그래, 어쩌면 여기에 있는 것도 결국 허무한 일일 수밖에 없어. 그러면 어쩐다, 나는 무엇을 해야 하지?'

나는 무척이나 고민을 했단다. 그때 내 머릿속에 한 가지 일이 떠올랐어. 그건 바로 내 어머니가 생전에 늘 해 주던 이야기였지.

어머니가 뱃속에 나를 가졌을 때, 검은 용이 집으로 들어왔다는 것. 그리고 세상에 내가 큰 힘이 될 거라는 것. 백성들에게 내가 무엇인가를 해 줄 수 있을 거라는 것을 말이야.

나는 그 길로 산에서 내려와 다시 과거 준비를 하며 이런 목표를 세웠단다.

"하나는 뜻을 크게 갖는 것이요, 둘째는 마음을 안정시키는 것이다. 또한 여러 사람들과 어울리며 항상 할 일을 먼저 생각하여야 한다. 그리고 일에 있어서는 성의를 다하자. 그러나 옳지 않은 일은 결코 하지 말자. 자세를 바르게 하며, 방심하거나 서두르지 말자."

나는 어머니에게 배웠던 어린 시절 교훈들을 내 몸에 다시금 새기면서 공부에 몰두를 했단다.

나는 유교의 정신을 백성들에게 전하는 일이 당장 필요하다는 생각을 하였지. 그러한 생각은 내가 마흔 살이 되어 지은 『성학집요』라는 책에 많이 나와 있단다. 나는 『성학집요』에 이어서 『격몽요결』을 지었고, 그 후 『학교모범』이라는 책도 썼지. 이 안에서 나는 사람은 항상 자신을 바로 세워야한다는 것을 언제나 강조했단다.

이율곡의 주기론

주기론이란 쉽게 말해 눈에 보이지는 않지만 우주 만물의 원리인 이(理)와, 우리 눈에 보이는 구체적인 존재인 기(氣)가 있을 때 기(氣)가 우선시 되는 이론이다. 불에 달궈진 가마솥을 기(氣), 그것이 뜨거워지는 게 자연법칙인 이(理)라고 했을 때, 불에 달궈진 가마솥을 만져본 사람만이 그것이 뜨겁다는 것을 알 수 있다는 것이다.

또 다른 철학자 이야기 7
이황
BC 1501 ~ BC 1570

이이보다 삼십 년 이상 먼저 태어난 이황은 어릴 때부터 예의가 바르고 점잖기로 유명했습니다. 머리가 명석해서 일찍이 과거에 합격했지만 남들이 부러워하는 높은 관직보다는 자연을 벗삼아 책을 읽고 학문에 정진하는 것을 더욱 즐거워했습니다.

그런 이황은 이이와는 달리 주리론을 주장했습니다. 주리론은 주기론의 반대로, 사물의 실체보다는 눈에 보이지 않는 우주 만물의 섭리를 중요하게 생각하는 성리학의 한 이론입니다.

하지만 이황은 자신과 학문의 생각을 달리하는 이이를 만났을 때에도 서로 많은 대화를 주고받으며 이이를 높이 평가했습니다.

또한 이황은 60세 때 '도산서원'을 지어 학문에 더욱 힘쓰며 제자들을 키어왔습니다.

상상하면 그것이 현실이 된단다
탈레스

BC624~BC546

너희는 철학이라는 말이 언제부터 생겨난 건지 혹시 알고 있니? 내가 살아 있을 때만 하더라도 철학이라는 것은 이 땅에 존재하지 않는 말이었단다. 수많은 학자들이 그랬듯이 경계가 없는 학문을 연구하곤 했었지. 아리스토텔레스와 같은 사람들도 어떤 이들은 철학자라 부르기도 하고 과학자라고, 혹은 수학자라고 부르기도 해. 이런 것처럼 내가 살았던 시절에 철학이라는 것은 하나의 학문으로 나뉘어 있지 않았단다.

하지만 나는 이것을 자신 있게 말하고 싶구나. 이 세상에 철학이라는 학문을 만들어 낸 것은 바로 나, 탈레스란다.

나는 원래 천문학을 공부하던 사람이었단다. 별의 움직임, 그리고 계절이 바뀌는 것을 읽어 내고 그것을 기본으로 해서 새로운 미래를 점칠 수 있었지. 하지만 내가 처음 하늘의 별을 읽겠다고 했을 때 사람들은 모두 비웃었단다.

"별의 움직임이 어떻게 사람의 생활에 영향을 준다고 생각하는 거지? 이상한 사람이야."

"어차피 저런 특이한 사람이 한둘쯤은 생겼다가 제풀에 지쳐서 쓰러지기 마련 아니겠어?"

"탈레스도 결국은 남들의 눈을 끌고 싶은 것뿐이잖아."

사람들은 내가 금세 싫증을 내고 돌아설 거라고 생각했단다.

하지만 나는 그런 사람들의 반응에 오히려 오기가 생겼지.

'그렇게 생각하는 것도 지금뿐이야. 설령 별의 움직임이 지금 사람의 행동에 직접 영향이 없더라도 늘 보던 하늘이 바뀌는 것에 사람의 마음도 변하기 마련이거든. 그러면 세상은 바뀌게 된다, 이 말이야. 지금은 나를 그렇게 비웃지만 나중이 되면 결코 웃을 수 없을 걸?'

나는 오히려 더욱 열심히 점성술을 공부하기 시작했지.

그러다 보니 내가 늘 하는 것은 길을 걸으면서 하늘을 바라보는 것이었어. 하늘의 움직임을 통해서, 밤에 집으로 돌아가는 사람들이 보는 하늘을 점쳐 보는 거지.

아무튼 늘 하늘만 바라보고 다니다 보니 웃지 못할 일도 있었단다. 해가 슬슬 산 너머로 넘어가던 어떤 날의 일이었지.

"어라, 저 별은?"

마침 길을 걸어가던 나는 별똥별 하나가 떨어지는 것을 봤단다.

'저건 분명 뭔가에 대한 징조일 거야.'

나는 별이 떨어진 방향을 뚫어지게 바라보면서 생각에 잠겼지. 뭔가가 있는 것 같았지만 뭔가가 안개에 쌓인 것처럼 선뜻 생각이 나지 않았어.

그렇게 한걸음 한걸음을 습관처럼 내딛으면서 하늘을 쳐다보고 있을 때였단다.

"어이쿠!"

나는 소리를 지르면서 그대로 앞으로 고꾸라지고 말았지. 발밑에 돌이 있는 것을 미처 보지 못한 채 앞으로 걷고 있었던 거야. 그러다 발이 돌에 걸리면서 그만 균형을 잃고 넘어진 거지.

옷에 흙이 묻어 있건 말건 얼른 자리에서 털고 서는데 주위에서 날 보던 사람들이 키득거리며 웃는 소리가 들렸지.

"자기 발밑도 제대로 보지 못하고 걷다니, 어린아이도 아니고."

"그러게. 자기 발밑도 보지 못하는 주제에 무슨 하늘을 보겠다는 건지 모르겠네. 학자들은 모두 머리가 이상한 사람들뿐이라니까."

사람들은 저마다 수군대며 내 행동을 비웃었지. 그러던 어느 날이었어. 하루는 내가 하늘의 움직임을 보고 이런 것을 알았어.

'내년에는 해가 평소보다 조금 더 길고, 별의 움직임도 안정적이니 올리브 농사가 잘 되겠구나.'

마침 그 전해에 올리브 농사가 잘 되지 않았기 때문에 많은 방앗간 주인이 방앗간을 헐값에 팔아넘겼지. 나는 가진 돈을 모두 끌어모아서 방앗간을 사들였단다. 그것도 평소의 절반도 되지 않는 가격에 말이야.

"방앗간을 사서 뭘 하려고? 정말로 가산을 탕진하고 싶은 거야? 제정신이 아니구나?"

사람들은 그런 나를 비웃으면서 방앗간을 사는 바보짓을 한다고 했어. 하지만 나는 반드시 내년에는 좋은 일이 있을 거라고 자신 있게 말했지.

물론 내 말을 믿은 사람은 몇 명 되지도 않았지만 말이야.

그리고 그 다음 해가 되었단다.

적절하게 비가 와 주고 해도 비춰 줘서 올리브를 기르는 많은 농부들이 올리브의 풍작에 환호성을 질렀단다. 전해에 무척 비쌌던 올리브 가격도 조금씩 떨어지더니 안정적인 가격으로 거래가 되기 시작했지.

탈레스

"이런, 지금 이걸 빻아 줄 방앗간이 어디에 있지?"

올리브를 산 사람들, 그리고 올리브를 팔려고 하는 사람들은 서로 방앗간을 찾아다니기 시작했어. 하지만 문을 닫아 버린 방앗간도 많았고, 다른 곳으로 가게를 팔아 버리거나 하던 일을 바꾼 사람들도 많았지. 평소보다 숫자가 적어진 방앗간 때문에 사람들이 발을 동동 굴렀어.

그때 나는 방앗간을 다른 사람들에게 저렴하게 빌려 줬지.

"지금 바로 부탁할 수 있을까요? 돈은 원하는 대로 드릴게요."

내 방앗간엔 곧 사람들이 미어터지기 시작했단다. 내게 방앗간을 팔았던 사람들은 울상을 지었고 나는 매일같이 들어오는 주문에 입이 함박만큼 벌어졌지.

그렇게 해서 나는 방앗간으로 많은 돈을 벌어들여 내 연구에 쓰일 연구비를 넉넉하게 마련해 둘 수 있게 되었어.

사람들은 그때가 되어서야, 하늘의 움직임이 사람과 동물, 식물, 이 땅에 살고 있는 모든 살아 있는 것들에게 영향을 준다는 사실을 인정하게 되었단다.

아마 그 즈음이 점성술이라는 것, 그리고 하늘의 움직임이라는 것에 대해 사람들이 중요하게 생각하게 된 시기일 거란다.

사람은 알게 모르게 자기의 가장 가까운 곳에 있는 것에서 영향

탈레스

을 받게 된단다. 그게 생각을 하는 것이든지 아니든지 자기도 모르게 따라가게 되는 거지. 그 이유를 굳이 설명을 하자면 이 지구에 작용하는 우주의 힘이라고 하는 것이 좋겠구나.

　나는 그것을 내가 연구하는 철학의 기본으로 삼았단다. 주위의 환경, 그 중에서도 하늘의 움직임이 인간의 행동에 미치는 영향에 대해서 말이야.

　철학이라는 것은 바로 이러한 사소한 것에 대한 관찰에서 이루어지는 것이란다.

물의 철학자 탈레스

그리스 최초의 철학자 탈레스는 만물의 근원을 '물'이라고 하였다. 물은 생명을 위하여 꼭 필요한 것으로, 변화하는 만물에 일관하는 것이 물이라는 것이다. '원은 지름에 의해서 2등분된다', '2등변삼각형의 두 밑각의 크기는 같다', '두 직선이 교차할 때 그 맞꼭지각의 크기는 같다' 등의 정리(定理)도 그가 발견한 것이다.

또 다른 철학자 이야기 8
아낙시만드로스
BC 610 ~ BC 546

아낙시만드로스는 탈레스의 제자이자 후계자였습니다. 그는 탈레스가 발견한 항해술을 바탕으로 처음으로 지도를 만들었고, 막대의 그림자를 이용해 시간을 측정하는 법을 발명하기도 했습니다. 또한 스파르타의 지진을 예측해서 많은 사람들을 구하기도 했습니다.

그의 스승인 탈레스가 모든 만물의 근원을 '물'로 보았다면, 아낙시만드로스는 만물의 근원을 '아페이론'으로 보았습니다. '아페이론'이란 그 형태가 명확하지 않은 것으로 그 시작과 끝을 알 수 없는 신적인 존재를 말하는 것입니다.

아낙시만드로스는 인간이 볼 수도 만질 수도 없는 이 '아페이론'에서 우주가 생기고 우리가 사는 지구와 인간들이 생겼다고 생각했습니다.

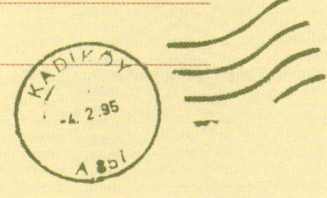

의심과 반론으로 시작하는 철학
쇼펜하우어
1788~1860

안녕? 나는 독일의 철학자 쇼펜하우어라고 한단다.

너희들에게 철학을 설명하기란 쉽지 않지만…… 그래, 예전에 어떤 사람이 이런 이야기를 했었어.

"철학자는 입만 살아서 움직이는 독설가다. 철학자는 항상 남의 행동을 관찰하고 그것의 잘못된 곳만을 찾을 뿐이지, 행동의 좋은 점에 대해서는 전혀 생각하지 않는 이기주의자다. 이 세상에서 가장 필요 없는 학문이 바로 철학이다."

물론 저 말이 아주 틀린 말은 아닐 거야. 하지만 그렇다고 철학이 쓸모없는 학문은 아니란다. 철학이라는 것은, 어떤 것을 끊임없이 의심하는 것, 그리고 그것으로 인하여 보다 나은 삶의 방식을 찾아

내고 그것을 사람들에게 알려주는 것이란다.

조금은 어려운 말이지?

그럼 너희는 단순하게 이렇게 생각할지도 모르겠구나.

"철학자는 의심이 많으니까, 의심이 많은 우리 반의 누구는 철학자가 될 거야."

이렇게 말이야.

하지만 그런 생각은 잘못된 것이란다. 의심을 하고, 그 의심을 하나의 결론, 즉 철학으로 끌어낼 수 있는 힘을 가져야만 한단다. 그저 의심을 하는 것은 철학과는 아무런 상관이 없지.

내 이야기를 하나 해 줄까?

나는 의심이 몸에 배기 시작했을 때 내 주위의 사람들의 행동을 의심하고 그것의 결과를 내려고 했단다.

급기야 나는 내 기억력조차도 의심했지. 그래서 항상 책 사이에 돈을 끼워 놓았단다. 그것은 내 기억력을 시험하기 위해서였어.

결국 나는 히브리어와 아랍어로 돈을 넣어 놓은 책의 제목과 페이지를 적은 다음 그 노트를 서랍에 넣어 두고 매일같이 내 기억력을 시험했단다.

나는 이렇게 기억력을 시험하면서 내 자신을 의심했고 내가 얻어 낸 철학이라는 것에 대해서도 늘 잘못된 점이 없는지, 내가 잘못 생

각한 것이 없는지를 항상 찾아내려고 노력했어.

그런가하면 나는 지는 것을 매우 싫어하는 사람이었어.

나는 한때, 내가 굉장히 대단하고 잘난 사람이라고 생각했었단다. 그리고 세상에서 내가 제일 뛰어난 줄 알았지. 그것은 내가 노력하는 만큼 사람들이 그에 따른 대답을 해 주고 환호를 보내 주었기 때문이었어. 하지만 내가 결코 대단하지도, 잘나지도 않았다는 것을 알게 된 일이 있었단다.

너희는 헤겔이라는 사람을 알고 있니? 헤겔은 당시, 현대인의 정신과 논리에 대한 철학을 연구하던 사람이었어. 많은 학생들이 그의 강의를 듣기 위해서 대학을 찾곤 했었지. 그러다보니 다른 교수들은 모두 헤겔과 같은 시간에 강의를 잡는 것을 싫어했어.

"기왕이면 헤겔의 강의가 있는 날, 그 시간에는 내 강의가 겹치지 않았으면 좋겠군요."

교수들이 대학에 부탁을 했고, 결국 헤겔이 강의를 하는 시간에는 그 어느 교수도 강의를 하지 않았지.

하지만 나는 달랐단다. 나는 내가 가르치는 것이 결코 헤겔에게 뒤지지 않는다고 생각했어.

"나는 헤겔과 같은 시간에 강의를 잡겠습니다."

내 말에 모든 사람들이 비웃었지.

하지만 그렇게 자신을 했던 나도 매번 텅 빈 강의실을 확인하자 주저앉고 싶을 정도로 충격이 컸단다. 헤겔의 강의를 듣기 위해서 많은 학생들이 움직이고 난 뒤에 내가 강의실에 들어가면 개미 한 마리도 그 안에 없었지.

나는 결국 눈물을 머금으면서 돌아설 수밖에 없었단다.

그 후 나는 더욱 철학 연구에 힘을 쏟았단다. 세상에서 내가 가장 뛰어나지 않다는 것을 나는 그때 깨달은 거야.

나는 그 이후 더욱 열심히 노력을 했고, 그때부터 내 새로운 철학자의 인생이 시작되었다고 해도 과언이 아니란다.

결국 헤겔에게는 감사의 말을 전해야 할지도 모르겠구나. 그 덕분에 나는 지금 너희와 이런 이야기를 하고 있을 수 있는 것일 테니 말이야.

누군가 내게 철학이라는 것에 대해서, 그리고 내가 철학을 공부한 것에 대해서 물으면 나는 이렇게 대답을 해.

"철학은 끝없는 의심입니다. 그리고 끝없는 도전입니다. 그것이 바로 철학을 완성시키는 힘입니다."

나는 이 말과 같은 인생을 살기 위해서 노력을 했어. 비록 남들이 보기에는 쓸데없이 의심만 많은 사람일지 몰라도 내 스스로 정한 법칙이기 때문에 가능했던 일이란다.

나는 내 철학의 라이벌을 헤겔로 정했고, 헤겔의 이론에도 비난을 아끼지 않았단다. 그때 헤겔을 따르던 한 사람이 내게 이렇게 말을 하더구나.

"의심 많고 겁 많은 당신이 어떻게 위대한 철학자인 헤겔을 비판할 수 있는 용기가 있는지 궁금하군요!"

그들의 말처럼 난 의심이 많았어. 그래서 겁쟁이처럼 보였을 지도 모르지. 하지만 철학이라는 것은 처음에도 말했지만 의심이란다. 끝없이 의심을 하고 그것을 논리적으로 생각한 뒤에 옳고 그름을 따지는 것이 아니겠니?

"헤겔의 의견에는 분명한 오류가 있습니다."

내가 말을 꺼냈을 때 사람들은 모두 당황했단다. 그 당시에, 천재라 불리던 헤겔의 의견에 반대 의견을 내놓은 것은 내가 처음이었을 거야.

나는 그가 새로운 논문을 발표하면 그것을 밤을 새고 읽으며 내 생각과는 다른 것, 아무리 해도 이해되지 않는 부분을 정리했고, 당당하게 발표했지.

"헤겔이 말하는 것은 너무 이성적이어서, 그렇지 않은 수많은 사람들에게 납득이 되지 않는 것들뿐이다. 철학이라는 것은 보다 많은 사람을 대상으로 해야 하는데, 헤겔의 세계는 너무 좁고 그 좁은

세계를 세상의 모든 것인 양 사람들에게 강요를 하려는 것은 헤겔의 자만심에서 생겨난 어이없는 실수다."

그렇다고 내가 헤겔의 생각을 무작정 반대했던 것은 아니었단다. 다만 나의 이러한 행동이 그의 철학을 보다 논리적이고 깊이 있게 만들 수 있다는 것을 믿었어. 나는 내가 공격을 당하고 비판을 당하면서 내 철학을 더 깊게 만들어 갔던 것처럼 헤겔 역시 그렇게 되기를 원하고 있었던 것뿐이었지.

"쇼펜하우어는 무작정 남의 논문의 꼬투리를 잡는다."

"쇼펜하우어는 독설 이외에는 아무것도 가지고 있지 않아."

"사실은 헤겔의 뛰어난 재능을 시기하고 있는 게 아냐?"

사람들은 저마다 나를 비난했지. 논문이나 철학에 관한 것만이 아니라, 나 개인에 대한 험담도 이어졌어. 하지만 헤겔을 향한 내 비판은 그 이후, 내가 죽는 그 순간까지 이어졌단다.

염세사상의 대표자 쇼펜하우어

세상을 괴롭고 귀찮은 것으로 여기는 염세사상의 대표자로 쇼펜하우어를 꼽을 수 있다. 염세사상은 플라톤의 이데아론 및 인도의 베다 철학의 영향을 받아 염세관을 사상의 기초로 한다. 이것에 따르면 삶은 끊임없는 욕구의 계속이며, 따라서 삶은 고통일 수밖에 없다는 것이다.

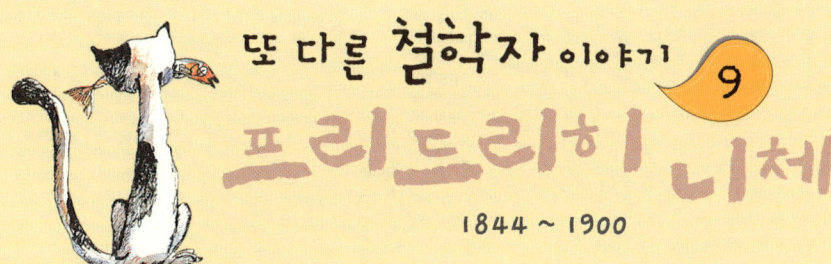

또 다른 철학자 이야기 9
프리드리히 니체
1844 ~ 1900

니체는 1844년 10월 15일 독일 작센 주의 뢰켄이란 마을에서 태어났습니다.

어린 시절의 니체는 또래 아이에게서는 볼 수 없는 수준 높은 글들을 많이 써서 주위 사람들을 놀라게 했습니다.

국비장학생으로 공부를 마치고 대학에서 뛰어난 논문을 발표한 니체는, 그를 지도했던 교수의 추천으로 바젤 대학의 교수로 자리를 잡았습니다.

하지만 그 무렵 쇼펜하우어의 서적을 읽으며 인간의 삶을 비관적으로 바라보기 시작한 니체는, 오직 예술만이 가장 자유로운 세계라고 생각했습니다.

그러면서 『비극의 탄생』, 『차라투스트라는 이렇게 말했다』 등과 같은 많은 책들을 세상에 발표했습니다.

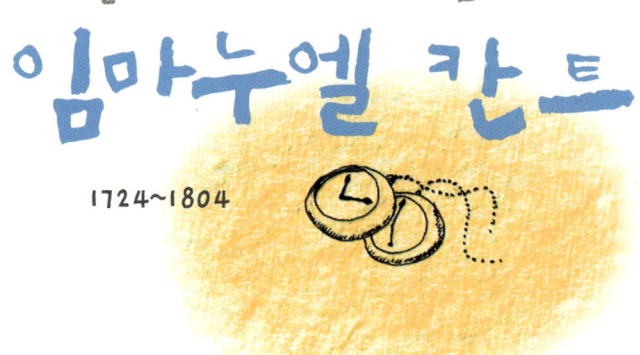

철학자에게 시간은 곧 돈이다
임마누엘 칸트
1724~1804

철학자들은 누구든 하나쯤은 재미있는 버릇을 가지고 있단다. 이런 버릇에 대한 이야기를 시작하면 너희들이 눈을 반짝거리며 묻겠구나.

"그럼 칸트 아저씨의 버릇은 뭐예요?"

너희가 이렇게 물으면 나는 이렇게 대답할 거란다.

"내 버릇은 시각을 맞추는 거야."

시각을 맞추다니, 그게 무슨 말인지 궁금하지?

나는 언제나 시계를 가지고 다녔단다. 항상 시계를 보고 그에 맞춰서 생활을 하는 것이 버릇이었지. 그래서 늘 시계를 보고, 시계가 고장나면 다시 수리를 해서 시각을 바로잡는 일이 많았어. 그 당시에는 지금처럼 기술이 발전해 있었던 것이 아니었기 때문에 시계가 고장 나는 일이 많았단다. 그래서 나는 시계를 여러 개 들고 다니면서, 항상 시계가 잘 가고 있는지를 확인했고 그것을 바로잡기를 반복했단다.

나는 주로 산책을 즐겼지. 나는 다른 철학자들과는 다르게, 내 고향에서 다른 곳으로 나가는 일이 없이 나만의 사상에 빠져서 연구하는 것을 즐겼단다. 그리고 항상 오후가 되면 동네의 산책로를 걸었지.

지금도 사람들은 그 산책로를 '철학자의 보리수 길'이라고 부르고 있는데, 그곳은 늘 같은 시간에 내가 같은 코스로 산책을 하는 길이었어.

내가 살던 곳은 비가 자주 오는 곳이었기 때문에, 내가 밖으로 나가면 내 늙은 하인인 람페가 큰 우산을 옆에 끼고 내 뒤를 따라오곤 했단다.

나와 람페는 서로 아무런 말도 하지 않고 그 길을 걸었지. 산책로의 가운데에는 커다란 시계탑이 있는데, 그곳의 시계는 언제나 정확했기 때문에 항상 그곳에서 나는 시각을 확인하곤 했단다.

"음? 이상하군."

나는 시계탑 앞에 서서 내 시계를 보면서 중얼거렸어. 그도 그럴

임마누엘 칸트

것이 내 시계의 시각을 맞춘 것이 고작 며칠밖에 지나지 않았는데 벌써 시각이 맞지 않았기 때문이었지. 나는 그 자리에 서서 얼른 시계를 꺼내고는, 능숙하게 시계의 나사를 풀었단다.

"아, 저기, 칸트가 있네."

"그러게. 또 시각을 맞추고 있는 거야?"

사람들이 나를 보고 소곤거리며 지나갔어. 나는 사람들이 나를 어떻게 보든 신경 쓰지 않고 얼른 시계 바늘을 바로잡은 다음, 다시 길을 걷기 시작했단다.

시각 맞추기는 하루이틀 사이에 생긴 버릇이 아니라, 쭉 살아오면서 생기게 된 일이란다. 시간은 내게 아주 큰 의미를 가지고 있거든. 규칙적인 생활을 하는 사람이 보다 많은 생각을 할 수 있는 시간을 가지게 되는 거라고 믿고 있었기 때문이야.

모든 사람에게 공평하게 주어지는 하루 24시간이라는 시간을 어떻게 쓰느냐에 따라서 그 사람이 크게 될 수 있는지, 아니면 그 자리에서 머물러 있게 되는지를 결정하게 되는 것이 아닐까, 나는 그렇게 생각하고 있단다.

사람들은 철학자에게 필요한 것은 냉정한 판단이라고도 한다. 하지만 내게 그런 질문을 한다면 나는 이렇게 대답을 하고 싶구나.

"철학자에게 진정으로 필요한 것은 명상하는 시간입니다."

내게 있어서 명상의 시간은 냉정하게 내 자신을 돌아보고 내 생각을 정리할 수 있는 순간이었단다. 나는 늘 그러한 시간을 중요하게 생각했고, 매일같이 휴식 시간에 혼자서 명상을 즐기곤 했지.

내게는 아주 절친한 친구가 있었는데, 그의 이름은 봐지안스키라고 한단다. 그는 매우 머리가 비상한 사람이었고, 동시에 계산에도 밝은 사람이었지. 뿐만이 아니라 겸손하기까지 했어. 나는 제멋대로에 거만한 사람을 싫어하기 때문에 그를 좋아했어. 한번은 대학에 추천해서 대학 조교가 되도록 한 적도 있었단다.

나중에 그가 조교를 그만두었을 때, 나는 집에서 내 일을 도와줄 사람이 필요해서 그에게 우리 집에서 일을 해 볼 생각이 없느냐고 물었지.

"선생님 집이라면 좋지요. 제 쪽에서 부탁드리고 싶은 일입니다."

나는 그에게 재산 관리를 부탁했지.

어느 날 그가 우리 집에서 일을 하게 된지 얼마 지나지 않았을 때의 일이야.

봐지안스키가 아침 일찍 우리 집을 찾아왔지. 그때 마침 나는 차를 마시려던 참이었어.

"자네도 한잔 들고 하게나."

나는 하녀에게 차를 한 잔 더 준비해 달라고 부탁했고 그는 내 앞에 앉아서 차를 마시려고 했지. 그때, 나는 하녀에게 차를 챙겨가도록 시킨 다음 그에게 이렇게 말을 했단다.

"미안하네. 나는 이미 50년간 이 시간에 혼자서 차를 마셔왔네. 그런데 오늘 아침에 둘이서 마시게 되니 차를 마시기가 힘들군. 미안하네만 자네가 옆방에 가서 마셔 주면 안되겠는가?"

하녀가 차를 들고 옆방으로 그를 안내한 후, 방의 문이 닫히자, 그제야 나는 편안하게 차를 마실 수 있었단다.

사람들은 이런 내 행동이 너무 냉정하다고 할지도 모르겠지만 차를 마시면서 갖는 명상의 시간을 다른 사람에게 방해받고 싶지 않았단다. 그 짧은 시간이 내게는 하루를 정리할 수 있고 또 시작할 수 있는 유일하게 편안한 순간이었기 때문이야.

내 생활은 다른 사람이 보면 참 갑갑하게 느껴질지도 모르겠어. 언제나 시간을 정확하게 맞추지 않으면 안 되고, 생활을 하는데 내 생활을 방해받기 싫어하고, 간혹 내 생활 자체가 기계 같은 느낌이 든다고 가족들도 싫은 내색을 할 때가 있었단다.

"사람의 냄새가 나지 않고 숨이 막힐 것 같아요. 꼭 그렇게 하지 않아도 편하고 쉽게 사는 방법은 충분히 많이 있잖아요?"

하지만 나는 내 생활이 잘못됐다는 생각은 절대 하지 않는단다. 나는 내 시간이 얼마나 소중한 것인지, 내 생활의 규칙이 얼마나 중

요한지를 아는 사람이거든.

 이번 한번쯤 어떠냐고 생각하면서 생활을 바르게 하지 못하면 어느새 생활 자체가 별다를 것 없이 엉망이 되어 버리고 만단다. 그러면 다른 사람처럼 시간을 흥청망청 흘려버리고 말게 되지. 그렇게 시간을 흘려버리고도 다른 사람보다 뛰어난 무엇인가를 하려고 한다면 그것이야말로 욕심이 아닐까? 나는 그렇게 생각한단다.

 나는 시간을 굉장히 꼼꼼하게 체크하는 편이라, 다른 사람보다 하루에 두 배의 시간을 산다고 자신 있게 말할 수 있단다.

 나는 새로운 것을 생각하고, 내 사상을 정리하면서 다른 사람들에게 보여 줄 논문을 정리하는 것에 시간을 썼어. 내 생활은 언제나 명상에서 시작되서 명상으로 끝났지. 내가 자연스럽게 한 사람의 철학자로 사람들에게 알려지기 시작한 것은 우연이라고 할 수는 없는 거란다.

 나는 평생 동안 고향을 떠난 적이 없는 사람이야. 하지만 고향을 떠나지 않았던 것은 몸뿐이고, 내 정신은 언제나 전 세계를 돌아다니며 많은 철학자들을 만나고 있었단다. 늘 그들과 함께 철학에 대한 이야기를 나눴고, 사람의 자유에 대한 의지, 사람이 순수하게 처음부터 가지고 있었던 '이성'이라는 것에 대한 것을 정리했어.

 나는 고향을 떠난 사람들보다 더 많은 것을 고향에 머물면서 할 수 있었던 거지.

　철학이라는 것은 공간을 넘어서는 것이라고 나는 생각한단다. 그것은 내가 직접 경험했던, 나라의 경계를 넘어서 다른 사람과 나눴던 많은 이야기들이 증명해 주는 것이란다. 그러니, 너희가 지금 좁은 땅에서 살고 있더라도 그것이 결코 철학자가 되는 것을 방해하지는 못한다는 거란다.

　그러면 훌륭한 철학자가 되기 위해서는 어떻게 해야 좋을까? 나는 너희에게 시간이라는 것의 소중함을 강조하고 싶구나.

　사람은 누구든 똑같이 하루 24시간이라는 시간이 주어진단다. 그런데 어떤 사람은 이름만 대도 알 수 있을 정도로 훌륭한 사람이 되고, 어떤 사람들은 하루하루를 살다가 그렇게 아무도 알아주는 사람이 없이 죽어 버리지. 이 두 사람의 차이는 대체 뭘까? 그건 바로 얼마만큼 하루를 알차게 살았는가 하는 것이란다.

　세상에는 처음부터 정해진 천재도 없고 정해진 바보도 없단다. 그저 종이 한 장 만큼의 지식과 재능을 가지고 있으면서 어떻게 시간을 사용해서 자신을 발전시켰는가, 그것이 성공과 실패를 만드는 것이지. 그러므로 시간을 얼마만큼 알차게 사용할 수 있는지, 계획을 짤 수 있는지가 너희의 미래를 결정할 거야.

　하지만 너무 어렵게 생각하지 말거라. 조금씩 시간을 나누고 계

획을 세워서 하루를 지내보렴. 너희가 할 수 있는 일과 하고 싶은 일을 정해진 시간에 하려고 노력하는 것이 너희에게는 큰 경험이 될 거야. 나 역시 어린 시절에는 그렇게 내 자신을 가다듬었거든.

그러니 오늘부터는 계획표를 한번 짜보는 것은 어떨까? 너희가 할 수 있는 일이나, 하고 싶은 일을 계획을 짜서 내일부터 한번 실행해 보렴. 모두 계획표대로 할 필요는 없지만 그것을 지키려고 노력을 해 봐. 그런 노력 속에서 너희는 너희에게 가장 잘 맞는 계획을 세울 수 있는 눈을 키울 수 있게 될 거야.

> 『순수 이성 비판』의 저자 칸트
>
> 이 책에 따르면 인간의 이성은 감성과 결합함으로써 수학이나 자연과학에서 볼 수 있는 것과 같은 확실한 것을 낳을 수 있지만, 감성을 가진 인간은 해결이 불가능한 문제에 말려들어 혼란스럽게 될 수 있으므로 이를 보완하기 위해 실천이성(實踐理性)이 필요하다고 주장한다.

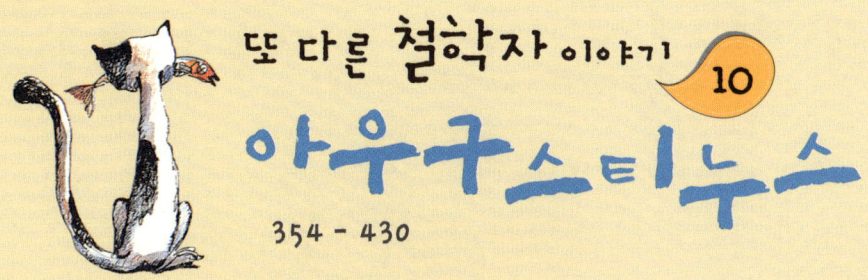

또 다른 철학자 이야기 10
아우구스티누스
354 - 430

젊은 시절의 아우구스티누스는 술과 여자에 빠져 젊음을 허비하고 있었습니다. 그런 아우구스티누스를 붙잡아 주었던 건 로마의 철학자였던 키케로가 쓴 『철학의 권유』란 책이었습니다.

하지만 시간이 지남에 따라 변하지 않는 진리를 통해서만 행복을 얻을 수 있다는 키케로의 말을 도무지 이해할 수 없었던 그는 진리를 찾기 위해 긴 방황에 빠지게 되었습니다.

그러던 중 384년, 아우구스티누스는 33세가 되던 해에 밀라노의 주교인 암브로시우스를 만나서 그리스도교로 개종을 합니다. 그리고 자신의 대표작인 『고백록』을 통해 젊은 날의 방탕을 솔직히 기록하면서 자신을 모든 고통에서 벗어나게 해 준 유일한 진리가 오직 하느님이라고 고백을 합니다.

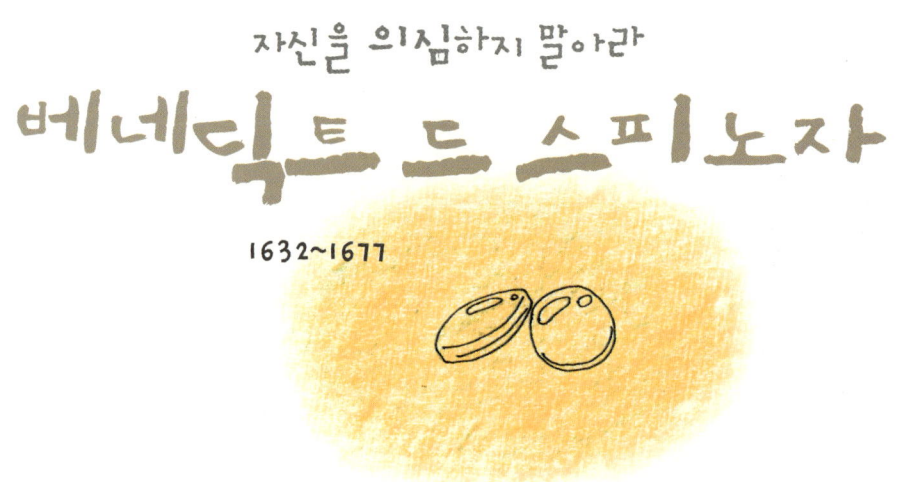

자신을 의심하지 말아라
베네딕트 드 스피노자
1632~1677

너희는 『신학 정치론』이라는 책을 알고 있니?

'신학 정치론'이라는 말은 너희에게는 상당히 어렵게 느껴질 수 있겠구나. 간단히 설명을 하면 종교는 사람들에게 평온과 행복을 줄 수 있는 믿음으로 남아 있는 것이 가장 좋다는 것이란다.

옛날에는 정치와 종교가 깊은 관계를 가지고 있었어. 정치가 종교를 통해 국민을 하나로 모으려고 한 것과 같이, 종교 역시 정치에 큰 힘을 가지고 있게 되었지. 지금과는 많이 다르게 말이야. 나는 그 안에서 정치와 종교가 가져야 할 진짜 관계에 대해서 고민을 했던 사람이란다.

또한 나는 렌즈를 가는 일을 하면서 생활비를 벌어야 했지. 언제나 다락방을 얻어서 생활을 했기 때문에 어떤 이들은 나를 두고 이렇게 말을 하더구나.

"다락방의 합리론자."

이것이 내게 붙었던 또 하나의 이름이란다.

어떤 사람들은 내게 몰래 기부금을 주려고 하기도 했지만, 나는 그들에게 돈을 받아 내 배를 채우고 철학을 연구하는 것이 싫었어. 세상에 공짜보다 더 무서운 것은 없다고 하지 않니? 그래서인지, 내 인생은 마지막까지 가난과 인연을 끊을 수 없었단다. 그런 가난한 생활 속에서도 나는 진정한 철학자란 대체 어떤 것일까?에 대해 많은 생각을 했단다.

예전에는 왕이 교황이나, 혹은 종교의 한 자리를 가지고 있는 경우가 많았는데 나는 이것이 잘못된 일이라고 못 박았어. 그리고 나는 종교와 정치의 가는 길이 분명히 다르다고 주장했지.

이런 내 주장은 그때까지 당연하게 이어져 왔던 정치와 종교의 관계를 부정한 것이 되었단다. 그 탓이었을까, 내 논문에 많은 정치인들이 민감하게 반응을 해 왔단다.

내 책은 발매가 되자마자 금서 목록에 올랐고, 길 한복판에서 불태워지고 말았어.

그뿐이었을까? 부패한 몇몇의 정치인이나 종교인들은 자신들의

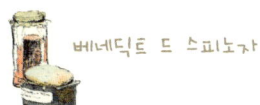
베네딕트 드 스피노자

강연 자리에서 공공연하게 내 험담을 하기까지 했었지.

하지만 겉으로 드러내지는 못해도 내 의견에 찬성을 한 사람들도 있었단다. 그런 이들을 중심으로 해서 내 책은 금서임에도 쉬쉬하면서 서로가 서로에게 빌려 주는 일이 생길 정도였어. 그러자 왕이나 귀족들은 그것을 막으려고 단속을 하기까지 했지. 하지만 보고 싶은 사람들 사이에서는 그런 단속의 위험도 큰 문제가 되지 않았단다. 오히려 내 책은 역사책이나 연애소설과 같은 표지에 싸여서 그런 종류의 책인 양 하면서 사람들 사이에 번져 나가고 있었지.

나는 내 책이 금서로 지정된 다음, 예전에 내게 철학을 배운 적이 있었던 아르베즈크 볼그에게 편지 한 통을 받았단다. 그 편지 안에는 이런 이야기가 쓰여 있었어.

"선생님이 낸 책을 읽어 보았습니다. 그리고 저는 그 책을 읽은 후, 한때 선생님의 제자였다는 사실이 너무도 창피했습니다. 선생님이 지금은 참된 철학을 발견했다고 말할지도 모르지만, 그것이 나중에 선생님이 지금의 상황을 부정한 것처럼 누군가에게 비난받게 될 거라고 생각하진 않으십니까?"

그는 내 선택이 잘못되었다고 말했지만, 난 그 편지를 보면서 그저 그렇게 좁은 세상을 보고 있는 그가 너무 한심할 뿐이었어.

나는 한참을 망설이다가 다음과 같은 답장을 보냈단다.

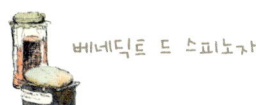
베네딕트 드 스피노자

"자네의 편지를 보면서 난 많은 생각을 했네. 우선은, 자네와 같이 힘이 있는 사람의 말이 무조건 옳다고 생각하는 사람에게 철학을 가르친 내 자신이 한심하더군. 만약 자네가 진정한 철학자의 눈으로 냉정하게 지금의 상황을 봤다면, 자네가 내게 그런 말을 할 수 있었을까 싶었다네."

나는 그에게 쓴 편지에서 순수한 학문인 철학이 어째서 정치나 권력자를 중심으로 발전해야 하는가에 대한 의문도 넣었어.

"나는 권력자를 위한 철학을 연구하지 않아. 나는 그들이 이용할 수 있는 학문은 하지 않네. 아무래도 자네와 나의 차이는 이것인 것 같군. 자네는 내 철학이 최고인지 어떻게 아냐고 물었지만 나는 한 번도 이게 가장 바른 길이라고 말한 적이 없네. 다만 나는 내 신념을 믿네."

나는 이렇게 대답을 하면서 편지를 끝맺었지.

그리고 더불어, 그가 조금 더 냉정하게, 순수한 공부로서 철학을 봐 주고 내 글을 읽어 주기를 희망한다고 적었단다.

그 후 그에게서는 물론 답장이 오지 않았어. 그 책 때문에 내게는 그리 많은 제자가 없었단다. 또한 책을 낸 후 또 다른 책을 낸 적이 없었고, 제대로 된 강의도 해볼 수 없었어. 가끔 사람들의 눈을 피해 밤에 나를 찾아오는 몇몇의 제자가 전부였지.

하지만 나는 오히려 그렇게 열정을 갖고 나를 찾아주는 이들이 백 명의 제자보다 훨씬 더 소중했단다. 나는 그들이 나를 찾아올 때마다 성의껏 공부를 가르쳤고, 진정한 철학자의 길을 그들에게 안내해 주었어.

그들은 그 후에 내 의견과 철학을 보다 깊게 만들어서, 정치에도 사용할 수 있는 것으로 만들어 주었지. 그리고 내 『신학정치론』에서 태어난 그들의 철학은 지금까지도 사람들의 입에 오르내릴 정도로 철학의 큰 장르가 되어있단다.

우리는 바른 정치를 생각했고, 세상이 바르게 되기 위해서 먼저 위에 있는 사람이 깨끗해지기를 희망했어. 그리고 그 길을 찾으려고 노력을 했지.

이렇게 조금씩 바뀌어간 것이 프랑스 대혁명이나 그 외의 많은 혁명들을 불러오는 발판이 되었다고 생각해.

철학이라는 것은 그때의 사회, 그리고 정치에 가장 가깝게 영향을 받으며 바뀌기도 하지. 하지만 그 많은 철학 안에서도 바뀌지 않는 단 하나의 진실이 있단다. 그것이 무엇인지 아니?

그것은 바로 자기 자신에 대한 믿음이란다.

나는 믿음이 있는 사람이 철학의 새로운 세상을 열 수 있는 자격이 있다고 본단다. 자기 자신의 생각을 믿고 그것을 사람들에게 보

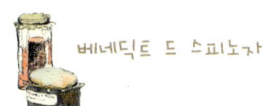
베네딕트 드 스피노자

이는 것, 그리고 사람들이 따라오게 하는 것은 신기하게도 내 스스로가 틀리지 않다는 믿음 안에 있단다. 만약 내가 조금이라도 내 철학을 의심하고 창피하게 여겼다면, 지금도 그때와 변하지 않는 세상이 되어 있을지도 모른단다.

비록 대단한 사람은 아니지만 나는 너희에게 이것 하나만은 자신 있게 말할 수 있어.

"가슴을 펴고, 네가 믿는 것이 진실이라는 것을, 너희가 가려는 길이 바른 길이라는 것을 항상 가슴에 새겨 두며 살아가거라."

스피노자의 사과나무

'내일 지구가 멸망하더라도 나는 한 그루의 사과나무를 심겠다.'는 말은 스피노자의 사상을 잘 보여주는 말이다. 스피노자가 활동한 15C의 철학에서 인간은 자연 속의 작은 개체일 뿐이다. 따라서 인간이 아무리 발버둥쳐도 지구의 멸망은 막거나 피할 수 없으므로 운명을 겸허히 받아들이면서 자신의 할 일을 하겠다는 것이다.

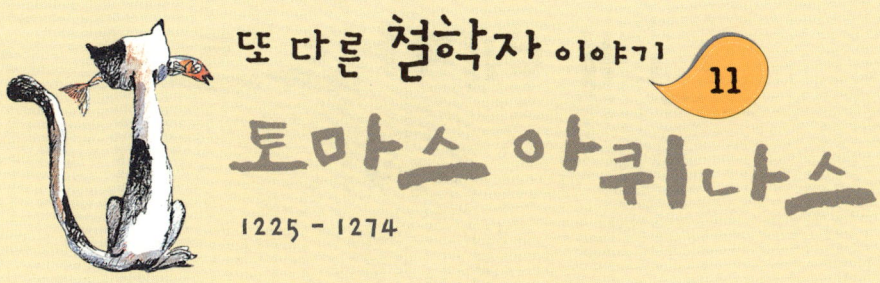

또 다른 철학자 이야기 11
토마스 아퀴나스
1225 - 1274

이탈리아 로마와 나폴리 중간에 있는 로카세카에서 태어난 토마스 아퀴나스는 스콜라 철학의 대표적인 인물입니다. 스콜라 철학은 9세기에서 15세기까지 발전한 철학 사상입니다. 스콜라 철학은 『성경』에 계시된 내용을 철학적으로 증명하고 합리적으로 설명하려고 했습니다. 1246년 도미니크회에 들어간 토마스 아퀴나스는 알베르투스 마그누스에게 많은 것을 배웠는데, 특히 그리스 철학자 아리스토텔레스의 사상에 깊이 몰두하기 시작했습니다.

이후 그리스도 교리를 정리한 『신학 대전』을 세상에 발표했고 아퀴나스는 거기서 '철학은 신학의 시녀다.' 라고 말하며 모든 학문은 그리스도교의 신학이 옳다는 것을 증명하는 도구에 지나지 않음을 주장했답니다.

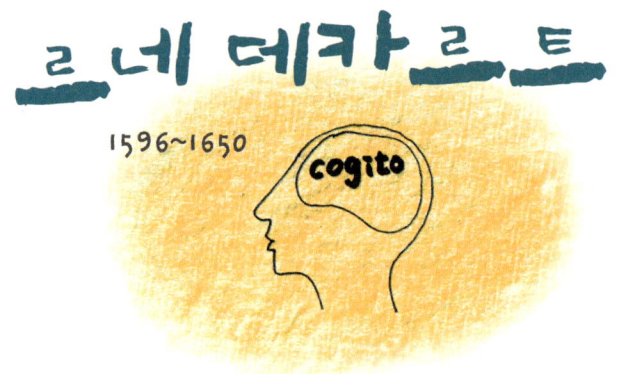

르네 데카르트
세상을 보는 눈과 기준을 세우거라
1596~1650

생각해 보면 세상은 참 많은 학문으로 가득 차 있단다. 수학, 물리학, 그리고 철학과 같은 것이 그런 것이지. 나는 그런 여러 가지의 학문에서 어떤 것도 선택하지 못한 채 여러 가지를 열심히 공부한 사람이란다. 그래서 사람들은 나를 어느 쪽에 넣어서 생각을 해야 할지 고민을 하곤 해.

나는 1596년 프랑스의 투렌라라고 하는 곳에서 태어난 데카르트라는 사람이란다. 나는 훌륭한 집안 환경을 가지고 있었던 것도 아니었고 아주 가난한 것도 아닌 평범한 가정에서 태어났지.

내가 태어났을 때 가족들은 매우 절망했단다.

"이 아이는 선천적으로 몸이 너무 약해서 얼마나 더 살 수 있을지 모르겠군요. 태어나서 1년이나 버틸지, 아니면 좀 더 오래 살 수 있을지. 그건 모두 신의 뜻에 달린 겁니다."

나는 태어났을 때 숨조차 제대로 쉬지 못했던 작은 아이여서 부모님은 바로 의사에게 연락을 했지.

부모님은 매우 절망했고 겨우 얻은 아이를 이런 식으로 잃게 될 줄은 몰랐다며 울었어. 그래서 아이가 태어나고 기쁨과 웃음이 이어져야 하는 집안은 금방 장례를 치른 것처럼 울음소리가 흘러나왔단다.

이렇게 약하게 태어났던 탓에 나는 어려서도 또래의 어린 아이들처럼 집 밖에 나가서 뛰어놀 수 없었어. 금방이라도 가슴이 아프고 어지러워서 쓰러져 버렸기 때문이었지. 그래서 나는 항상 창 밖에서 아이들의 즐거운 웃음소리를 들으면서 책을 읽는 게 일상이 되었단다. 덕분에 다른 아이들과는 다르게 늘 얼굴이 새하얗고 손목이나 발목은 가늘기만 했지. 마치 여자아이처럼 말이야.

그런데 재미있는 것은 이렇게 책과 함께 보낸 시간, 그리고 가끔 멍하게 창밖을 바라보며 사색에 잠겼던 그 시간들이 나를 훌륭한 학자의 자리에 앉게 한 힘이 되었다는 점이란다.

나는 나이가 들어 프랑수아 베롱에서 철학을 공부하게 되었는데, 이때 나는 철학이라는 것에 깊게 빠져들 수 있었단다. 아침마다 명

르네 데카르트

101

상을 즐기던 나에게 철학이라는 건 그렇게 먼 이야기가 아니었어. 프랑수아 베롱에서 시간을 보내면서 나는 아침에 일어나거나, 몸에 열이 나서 수업에 들어가지 못할 때 명상을 즐기면서 늘 내 자신에 대해서 생각을 하곤 했지.

나는 언제나 모든 것에 대해서 의심하는 성격이 있었단다. 내가 학교에 들어갔을 때 내가 늘 생각했던 것은 다름이 아닌 우리가 무심코 옳다고 생각하는 것에 대한 의심이었단다.

너희는 지구가 돌고 있다는 것을 알고 있지? 그럼 그것은 왜 옳은 것일까? 물론 수많은 과학자가 그것을 연구했고 많은 연구 결과 중에서 지구가 태양의 주위를 돈다는 사실이 증명이 되었기 때문이기도 하지. 하지만 그런 것을 생각하기 전에 사람들은 늘 주위에서 옳다고 이야기를 하니까 옳다고 생각하는 것이 많았지.

'어째서 그것들이 옳다는 것일까? 옳은 이유는 대체 무엇일까?'

나는 늘 그것을 끊임없이 의심했단다. 모두가 그렇다고 하니까 당연히 그런 것이라는 대답은 내게는 통하지 않았어. 나는 계속해서 그것이 옳은 이유를 고민했단다. 어째서 옳은 것인지 왜 옳은 것인지, 내가 처한 상황이나 사회의 제도, 그리고 수많은 학문에 이르기까지 늘 이러한 질문을 내 스스로에게 던지면서 나는 시간을 보

내곤 했지.

그러던 어느 날 나는 군대에 입대하기로 결심을 했단다.

"무슨 말이니?! 어째서 갑자기 장교가 되겠다고 하는 거야?!"

내 건강을 염려한 가족들은 무척이나 놀라며 날 붙잡았단다. 하지만 내가 군대에 지원을 했던 이유는 또 한 가지가 있었단다.

그때 우리가 배우고 있었던 것은 스콜라철학이었단다. 스콜라 학파라는 것은 사람을 언제나 감시하고 통제해야 한다는 생각을 바탕으로 만들어진 철학으로, 그 당시에 매우 유행하고 있었지. 나는 누군가에게 간섭받는 것이 참을 수 없이 힘들었단다.

'그래, 군대에 가면 조금은 이게 나아질지도 모르지. 군대는 일단 목숨을 부지하는 데만 신경 쓰는 곳이니까 말이야.'

하지만 군대 생활도 그리 오래 이어지지는 못했단다.

나는 2년 후 제대하여 유럽의 여러 나라를 여행하기 시작했어. 그 여행의 시간들은 외롭고 힘든 날들 뿐이었지만 내게는 여러 생각을 조용하게 하도록 도와준 소중한 경험이기도 했단다.

그 후 나는 수학자인 베이크만과 알게 되어 보편학이라는 것을 만들었어. 그리고 수학자로서의 길을 걷기 시작했지.

이것 때문에 내가 철학자인 동시에 수학자로서 기하학이라는 것에 큰 영향을 끼친 해석기하학을 만든 창시자라고 불리는 계기가 되었단다.

나는 네덜란드에서 여러 가지 철학을 공부하던 중에 문득 내가 예전에 그토록 싫어했던 스콜라 학파의 철학에 관한 것을 떠올렸단다. 모든 것을 너무 억압하기만 해서는 도저히 철학이라는 것은 될 수 없다고 생각을 했던 탓인지, 나는 나만의 생각을 정리하기 시작했지.

그때만 해도 나는 새로운 철학을 사람들에게 알리려고 했던 것이 아니었단다. 그저 난 내 생각을 정리하고 기존의 스콜라 학파와는 분명 생각이 다르다는 것을 말하고 싶었던 것뿐이었어.

먼저 나는 합리적으로 생각하고 그 결과로 결론을 내리는 철학의 방법에 대해서 이야기를 했단다. 이것은 바로 내가 이제까지 살아왔던 삶의 내용이 그대로 들어가 있는 것이었어. 합리적인 사고란 무조건 믿고 받아들이는 것이 아니라 자신의 생각에 따라서 어떤 것이 진정으로 정당한 일인지 아닌지를 판단하는 것이란다.

이러한 생각은 철학을 공부하는 사람들이 말하는 '근세철학'의 기본이 되었단다. 그래서 사람들은 나에 대해 이렇게 말을 하지.

"데카르트는 근세철학의 아버지다."

수학과 물리학을 함께 연구했기 때문인지, 나는 세계를 과학적인 자연관을 통해서 합리적으로 보는 태도를 가지려고 노력했고 이것

르네 데카르트

을 사람들에게 강조했어. 그리고 전신과 물질 두 실재를 우주의 근본 원리로 삼는 이론인 이원론을 발표했단다. 아마 너희가 철학에 대해서 조금 더 깊게 파고들게 되면 반드시 이원론에 대한 이야기를 들을 수 있을 거야.

하지만 내가 이러한 논문을 발표한 뒤 스콜라 학파의 굉장한 공격을 받았단다. 결국 나는 네덜란드를 떠나 스웨덴으로 향할 수밖에 없었지.

내가 스웨덴으로 간 이유는 스웨덴의 크리스티나 여왕 때문이기도 했어.

예전부터 내가 연구하는 것들에 관심을 가지고 있던 그녀가 사람을 보내 이런 부탁을 했기 때문이야.

"부디 내가 스웨덴을 더욱 행복하게 다스릴 수 있도록 날 지도해 주지 않으시겠습니까?"

그녀는 공부에 대한 열정을 가지고 있는 사람이었고 항상 뭔가를 배움으로서 한 나라를 다스리는 사람으로서의 자세를 유지하고 가지려고 하던 사람이었지. 나는 발전을 위해서 노력하는 그녀의 태도가 마음에 들었고 그런 그녀에게 조금이라도 도움이 되었으면 하는 생각을 하게 되었단다.

"그럼 먼저, 철학 공부를 시작하겠습니다."

여왕도 흔쾌히 내 말에 수긍을 했고 그렇게 해서 강의가 시작되었단다. 여왕은 낮에는 내가 연구를 계속 할 수 있도록 스웨덴 왕립 아카데미에서 교수로 있을 수 있게 해 주었어. 나는 그곳에서 제자들을 키우고 내 철학을 이어갈 수 있는 발판을 만들 수 있었단다.

하지만 그 곳에서의 시간은 너무 짧았단다. 그 후 반년이 지나 폐렴에 걸린 나는 영원히 자리를 털고 일어나지 못하게 되었기 때문이야.

사람들은 내가 조금 더 시간을 가지고 있었다면 근세철학이 지금보다 더 빨리 완성이 되었을 거라고 아쉬워했지. 내가 더 많은 것을 연구하고 그것을 제자들에게 전하지 못했던 것에 슬퍼하면서 사람들은 나를 스웨덴에 묻었단다.

나는 스스로 고민을 하고 주위에 벌어지는 일들에 '왜?'라는 질문을 던져 보았던 시간이 나를 '근세철학의 아버지' 혹은 '해석기하학의 창시자'라는 이름으로 불리게 만들었다고 생각해. 만약 내가 주위에서 벌어지는 일에 아무런 의심도 하지 않고 모두 옳다고 받아들였다면 너희들과 이런 이야기를 나누는 일도 없었을 테지.

철학자라는 것은, 어떠한 학자든 간에 가장 중요한 것은 바로 의심을 하고 생각을 하는 것이란다. 그것이 어째서 옳은지, 자기 자신

이 이해가 될 정도로 생각을 해야 해. 누군가가 그렇게 말했으니까 맞는 거야, 라고 대답하는 것은 결코 올바른 대답이 아니란다. 철학자라면 특히 모든 것에 대해서 옳은지에 대한 정확한 판단이 필요한 것이란다. 나는 너희에게 이 말을 꼭 해주고 싶구나.

"나는 생각한다. 고로 나는 존재한다."

생각하지 않는 철학자는 철학자라고 부를 수 없어. 아무리 사소한 일이라도 그것을 한번은 다시 생각해서 결과를 얻어 내는 것이야말로 철학자의 마음 자세가 아닐까?

'나는 생각한다 고로 존재 한다' 데카르트

데카르트는 학문에서 확실한 기초를 세우려 하면, 적어도 조금이라도 불확실한 것은 모두 의심해 보아야 하는데, 세계의 모든 것의 존재를 의심스러운 것으로 치더라도 이런 생각, 즉 의심을 하는 자신의 존재만은 의심할 수가 없다고 했다.

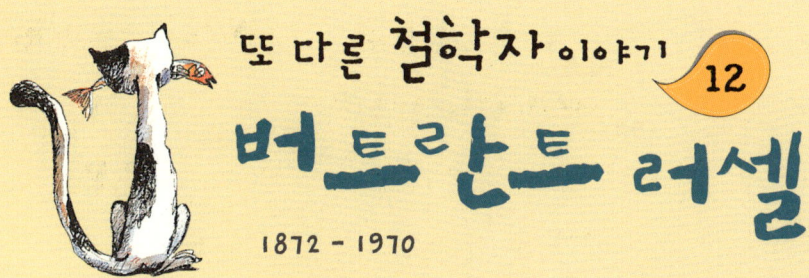

또 다른 철학자 이야기 12
버트란트 러셀
1872 - 1970

러셀은 모든 사람들이 옳다고 생각하는 것들을 의심하는 철학자였습니다. 그는 이것을 증명하기 위해 칠면조의 예를 들었습니다.

어떤 칠면조 농장에서는 아침 6시와 저녁 6시에 정확하게 모이를 주었습니다. 칠면조들은 당연히 그 시간이 되면 모이를 먹는 줄 알았지요.

하지만 어느 칠면조 한 마리가 늘 그렇듯 아침 6시에 모이를 먹고 저녁 6시에 줄 모이를 기다렸지만 끝내 먹지 못했습니다.

그날은 추수감사절로 칠면조 요리를 하는 날이었기 때문입니다. 그 칠면조는 맛있게 요리가 되어 주인의 식탁에 올랐습니다.

러셀은 이렇게 우리가 경험으로 얻은 지식의 한계를 재미있는 비유를 통해 알게 해 준 철학자였습니다.

철학이라는 것은 마음에서 나온다
고형곤

1906~2004

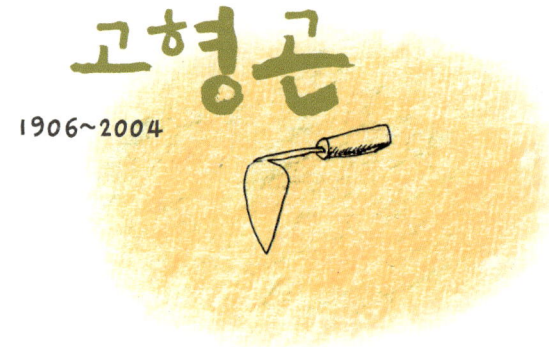

간혹 사람들은 한국에는 철학자가 별로 없다고 생각할 때가 있더구나. 하지만 나는 그렇게 생각하지 않는단다. 왜냐고? 그건 바로 내가 한국의 철학자로 이름을 남긴 사람이었기 때문이란다.

나는 100년 전에 한국에서 태어난 철학자란다. 그리고 내가 한국인이라는 것을 매우 자랑스럽게 생각하고 있는 한국인이지.

내 이름은 고형곤이라고 한단다. 한국 사람들이 늘 그렇듯 자기의 호를 사용하는데, 내 호는 청송(聽松)이라고 해.

나는 서양철학을 공부했단다. 철학이라는 말 자체가 제대로 자리 잡지 못했던 우리나라에서 그때 배울 수 있었던 것은 대부분 서양철학이었으니까.

하지만 나는 철학을 공부하던 중에 이런 생각을 하게 되었어.

'유명한 철학자인 하이데거도 동양사상을 배우면서 자신의 생각을 완성하고 있는데, 정작 우리는 왜 우리만의 논리를 생각하지 못하는 거지? 우리 것을 모르면서 어떻게 다른 사람의 것을 배울 수 있다는 말인가?'

나는 그때부터 불교철학에 대해 파고들기 시작했지.

나의 아버지는 땅만을 바라보고 사는 타고난 농부였고, 어머니는 매우 호탕한 분이셨어. 농사를 짓는 집이기는 했지만 집에 땅이 있었기 때문에 생활에는 크게 어려움이 없었단다.

우리 가족은 태어나면서부터 흙을 바라보고 흙을 만지는 것을 배우고 자라났지. 그것이 평범한 농촌 가족의 모습일 거야. 하지만 나는 다른 형제들과는 다르게 흙에는 관심이 없었단다. 오히려 흙을 가지고 놀 때 그 흙 안에 무엇이 들어 있는지, 흙이 어떻게 식물을 키우는지에 더 흥미가 있었지.

"너는 농사꾼이 아니라 학자가 될 운명을 타고난 모양이구나."

부모님은 그런 나를 매우 신기해했어. 그리곤 내가 하고 싶은 것을 해 보라고 권해 주셨지.

결국 나는 한학을 배우게 되었어. 서당에서 한학을 배울 때 나를

가르쳐 준 분이 제당 신일균 선생님이란다. 신일균 선생님은 먼 앞을 바라볼 줄 아는 분이었단다.

"비록 네가 지금은 한학만을 배우고 있지만, 좀 더 넓은 곳을 보고 좀 더 많은 것을 익힐 수 있도록 하거라. 네 능력이 반드시 이 나라에 크게 쓰이는 날이 올 것이야."

선생님은 언제나 입버릇처럼 내게 이런 말을 했어.

나는 매일매일 공부에 열중을 했단다. 아마 지금도 남아 있을 거라고 생각하는데, 서울대학교 도서관에서 철학에 관한 책을 한번 찾아보렴. 아직도 내가 공부를 하면서 책에 메모를 해 둔 것을 찾을 수 있을 거야.

그렇게 내가 대학원을 졸업했을 때, 나를 가르쳤던 일본인 교수의 추천으로 나는 연희전문학교에서 철학을 가르칠 기회를 얻게 되었단다. 그 순간 나는 그동안 인내했던 것들이 이제야 열매를 맺는 것 같아 뛸 듯이 기뻤단다.

나는 그곳에서 많은 학생들을 가르쳤단다. 내게 철학을 배우고 진정으로 철학에 대한 꿈을 키워 나가 교수가 된 학생도 꽤 많이 있어. 나는 내 제자들이 졸업을 하고 나갈 때 이렇게 말했단다.

"내가 여러분에게 가르친 건 우리가 어려서부터 알게 모르게 몸에 지니고 있던 것들입니다. 철학이라는 것은 생각을 정리하고 이

끄는 것입니다. 나는 여러분에게 정리해서 알려준 것뿐입니다. 그리고 이제 여러분에게 내가 해 줄 수 있는 역할은 끝이 났습니다. 지금부터는 여러분이 내 생각에 보다 많은 것을 더해서, 보다 구체적으로 여러분의 제자들에게 이것을 이어가는 일이겠지요. 여러분이 있기 때문에 한국철학의 앞길에 환한 빛이 가득할 것을 믿고 있습니다."

너희는 존재에 대해서 어떻게 생각을 하니? 나는 이렇게 생각을 한단다. 어떠한 것이 생명을 갖게 되는 이유는 뭘까? 그리고 그들이 원하는 것은 뭘까? 그것은 바로 태어날 때와 같은 편안함과 안정이 아닐까? 불교의 참선이라는 것은 그런 것을 이끌어 줄 수 있게 도와주는 것이란다. 선이라는 것은 마음을 가장 편안하게 해서 괴롭지 않게 하루하루를 즐겁게 살아갈 수 있게 하는 것이지.

이러한 내 생각을 담아, 나는 『선의 세계』라는 책을 썼단다. 이 책은 내가 쓴 책 중에 가장 유명한 책이 되었고, 이후 내 뒤를 이어 한국의 철학을 연구하는 철학자들이 내 의견을 지지하는 책을 내게 되었지.

나는 1980년, 정읍이라는 곳에 일곱 평짜리 작은 집을 마련했단다. 나만의 철학을 완벽하게 완성시키는 것을 미루고만 있었거든.

나는 그 집에서 선에 대한 공부를 시작했지. 그 시간은 내 철학을 완성할 수 있는 기회가 되기도 했어. 그렇게 11년간을 홀로 살면서 원효와 선이라는 불교철학에 대한 공부를 시작했단다. 이제까지 내가 알고 있었던 것을 모두 잊고서 새로 시작하는 마음으로 책을 펼치고 내 생각을 정리했어. 혼자서 있는 시간은 생각을 정리하기에 너무 좋더구나. 물론 혼자서 산속에서 지내다 보니 몸이 여기저기 성한 곳이 없었지만 그래도 나는 그곳에서 수많은 깨달음을 얻을 수 있었단다.

다만 가장 아쉬운 것은, 오랜 시간 애쓴 연구 결과를 들고 서울에 돌아왔을 때 가방에 있던 메모 쪽지를 돈으로 착각한 사람이 내 가방을 소매치기해 간 일이야.

그 후 나는 생각을 다시 정리해서 『선의 세계』를 2권으로 해서 출간을 했단다. 이 책은 1999년에 국내 각 분야 지식인이 뽑은 20세기 한국 고전에 선정되기도 했지.

나는 내 아이들에게도 내 철학을 항상 강조했고 청렴하게 살 것과 한국인으로 태어났으면 한국인으로서 자랑스러운 무엇인가를 해야 한다고 가르쳤단다. 그 때문인지, 둘째 아들인 건이는 총리에까지 올랐단다. 너희도 이름은 들어 본 적이 있을 거야. 고건 총리라는 이름을 말이다.

나는 철학자는 사람 위에 존재하는 것이 아니라 사람과 함께 마음을 맞대고 생각하면서 완성되는 것이라고 생각한단다. 때로는 자기의 생각을 정리하기 위해서 혼자 있는 시간이 중요할 때도 있지만, 내가 제자들과 함께 교실에서 야외에서, 그리고 맛있는 음식들이 있는 식당에서 이야기를 나누며 그렇게 철학을 발전시켜 나간 것처럼 우리의 생활 곳곳에 숨쉬고 있는 것이 철학이야.

선의 세계

원효의 사상을 바탕으로 선의 세계를 통찰한 책이다. 1999년 출판저널에서 국내 각 분야 지식인 100명이 뽑은 '20세기 한국 고전' 중 하나로 추천되었다. 1995년 『선의 세계』를 증보, 1권(서양철학과 선)과 2권(한국의 선)으로 간행했다.

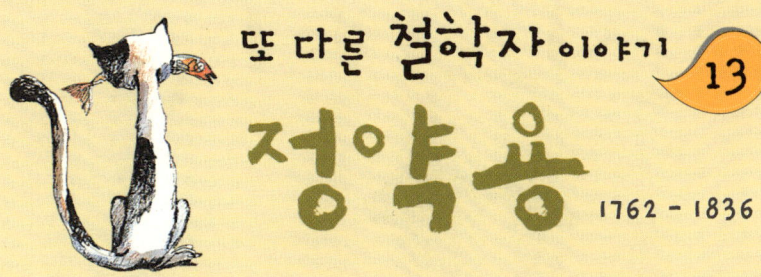

또 다른 철학자 이야기 13
정약용 1762-1836

영조 시대인 1762년, 경기도에서 태어난 정약용은 조선 후기의 실학자입니다.

과거에 합격한 정약용은 중국의 『기기도설』이란 책을 참고하여 무거운 돌을 들어 올리는 '거중기'라는 기계를 만들어 수원성 공사를 일찍 끝마칠 수 있게 했습니다. 거중기란 도르래 원리를 이용한 기계로서 작은 힘으로 무거운 물건을 위로 들어 올리는 기계를 말합니다. 이 거중기는 인부들의 수고를 덜어 주었습니다.

또한 정약용은 나라에 천연두가 유행하여 많은 백성들이 죽음을 면치 못하자 서양의 학문을 바탕으로 치료 방법을 개발하여 고통으로 신음하는 사람들을 죽음의 문턱에서 구해 주었습니다.

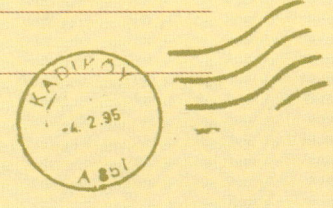

경험이 곧 철학의 기본이란다
프란시스 베이컨
1561~1626

나는 영국의 철학자인 베이컨이라는 사람이란다. 내 이름이 참 익숙하지? 물론 먹는 베이컨을 이야기하는 것은 아니야. 그 베이컨과 나는 아무런 관계도 없단다.

나는 케임브리지 대학에서 법학을 공부하고 변호사, 국회의원, 판사 등의 길을 걸어왔단다. 그 후에는 검찰총장과 대법관을 지냈는데, 법을 공부하면서 철학이라는 것이 내게 새로운 학문으로 다가올 수 있었지. 사람을 다독이기 위해서 배워야만 하는 철학, 사람을 행복하게 만들기 위해서 배워야 하는 학문, 이런 느낌으로 철학을 접하게 되었던 거란다.

내가 주로 연구를 하고 강조했던 것은 '자연주의'와 '경험주의'

야. 말이 조금 어렵니?

자연주의라는 것은 특별한 것이 아니란다. 바로 사람들이 학문을 하는 이유가 결국은 자연에 있다는 것이란다. 과학을 공부하는 것도 수학을 공부하는 것도 결국은 자연 속에 있는 현상을 좀 더 확실히 눈으로 보기 위한 것이 아니겠니. 그러니 모든 학문은 결국 자연과 연결이 되는 것이란다. 그렇기 때문에 자연을 보는 눈을 키우는 것이 학문을 하는데 무엇보다 중요하다는 것을 말하는 것이 자연주의란다. 그럼 경험주의란 무엇일까?

너희는 어떤 일을 경험한 적이 있지?

"넘어져 본 사람만이 넘어졌을 때의 아픔을 안다."

이런 말이 있어. 경험주의는 이 말과 같은 것이란다.

사람이 몸으로 경험을 하고 느끼는 것이 곧 하나의 철학이 된다는 이야기지. 학문이란 그것을 경험하는 것에서부터 시작한다고 정의하는 것이 경험주의야.

나의 이러한 생각은 영국의 경험론의 기초가 되었고 과학의 발전에도 큰 영향을 끼치게 되었단다.

그 외에도 나는 4가지 우상론이라는 것을 발표했단다.

나의 4대 우상론에는 극장의 우상, 종족의 우상, 동굴의 우상, 시장의 우상이 있단다.

극장의 우상이란 극장 같은 곳에 가서 영화나 연극을 보면, 그것이 사람이 인위적으로 만든 것임에도 불구하고, 실제 일인 것 마냥 착각하게 되는 것을 이야기하는 것을 말하는 것이고, 종족의 우상이란 '나'의 입장에서 모든 것을 바라볼 수밖에 없는 것을 의미한다. 동굴의 우상이란 개인의 좁은 소견에서 빚어지는 착각, 편견, 만족이 빚어내는 우상을 말한단다. 즉 내가 알 수 있는 것은 한정되어 있지만, 그것이 전체인양 착각을 한다는 것이지. 시장의 우상이란 인간의 언어가 빚어내는 우상을 뜻하는 것으로 언어가 교류되는 과정에서 파생되는 혼란을 의미하는 거야.

극장의 우상이 좀 어렵지?

너희들 혹시 이런 이야기 자주 하지 않니?

"그건 아리스토텔레스가 한 말이니까 사실일거야."

"그건 우리 엄마가 한 말이니까 틀릴 리가 없어."

이런 말 자체가 바로 극장의 우상이라는 것이란다. 아무리 유명한 사람이라도 인간인 이상 무엇인가 실수를 하기 마련이거든. 그럼에도 불구하고 명성이 있거나 내가 믿는 사람이라는 이유만으로 어떤 말을 모두 사실로 받아들이는 것은 그 사람이 생각할 줄 아는 힘이 없다는 이야기가 된단다.

나의 이러한 우상론은 철학을 연구하는 사람들에게 큰 인기를 끌었어. 그들은 내 의견에 환호를 했고 각자 생각하고 있던 것을 입 밖으로 내기 시작했지. 그들에게 있어서는 누군가가 딱 잘라서 이런 이야기를 해 주기를 바랐던 모양이야.

나는 언제나 사람들이 합리적인 생각을 하는 것이 최우선이라고 생각했고 그것을 위해 노력했단다. 특히 아무런 근거도 없이 자기가 많은 경험을 했기 때문에 뛰어나다고 믿는 무분별한 경험주의자들이나 경험과 관계도 없는 이론을 세워 놓고 그것을 주장하기만 하는 사람들을 비난했어.

하지만 내가 쓴 우상론은 내가 살아 있을 당시에 많은 논쟁을 불러일으켰단다.

"거짓말이다. 말도 안 돼!"

"베이컨은 현란한 말솜씨로 사람들을 설득하고 눈을 가리고 있을 뿐이지."

"경험이 중요하다고 하면서 많은 경험을 쌓는 것은 안 된다고? 말로만 하는 것이 다를 뿐, 결국은 당신이 말하는 것은 이쪽도 저쪽도 아닌 게 아닌가!"

내 논리에 반대하는 사람들은 나를 찾아와서 폭언을 서슴지 않았단다. 어떤 때는 욕을 하기도 하고 물건을 던지기도 했지.

"흥, 그렇게 입만 번드르르하게 살아있는 사람이 어째서 뇌물 사

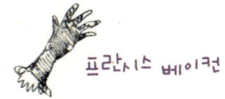

건 같은 것에 연류가 된 건지 모르겠군, 그래."

심지어는 내가 뇌물 사건으로 인해서 관직을 빼앗기고 감옥에 갇혔던 과거의 일을 문제 삼는 사람까지 생겼어.

"자기가 깨끗하지 못한 주제에 어떻게 다른 사람을 비난할 수 있지? 사람이 뻔뻔한 것도 도가 지나치잖아?"

"그러게. 뇌물이라며? 어떻게 검찰총장까지 하는 사람이 뇌물을 받을 수 있어?"

"사람 참 믿을 게 못되는구나."

집으로 날아오는 비난의 편지들 역시 나를 괴롭게 만드는 하나의 이유가 되었단다.

하지만 나는 그런 것에 굴복하지 않았단다. 오히려 그들이 그런 반응을 보일 때마다 나는 좀 더 강해지고 오기가 생겼어.

나는 우상론에 이어서 논리학에 대한 책도 꽤 썼단다. 그 책에서 나는 논리적인 방법으로 누가 보아도 이해할 수 있는 방법을 가지고 우상론을 부수지 않는 한은 결코 사람들의 마음속에 깊게 자리 잡고 있는 잘못된 사상을 고칠 수 없다고 경고하고 있지.

철학은 결코 세상에서 동떨어진 것이 아니란다. 어떤 때는 세상

프란시스 베이컨

의 중심에서 세상을 움직이기도 하지.

　마음을 비우고 모든 것을 의심하는 마음으로 보고 합리적으로 생각하려 노력한다면 너희가 철학자에서 정치인으로, 다시 학자로 모습을 바꿔어 가더라도 너희는 모든 사람에게 가슴을 똑바로 펴고 살아갈 수 있는 그런 사람이 될 거란다.

베이컨의 우상론

자연주의와 경험주의를 주장한 베이컨의 4가지 우상론에는 '극장의 우상, 종족의 우상, 동굴의 우상, 시장의 우상'이 있다.

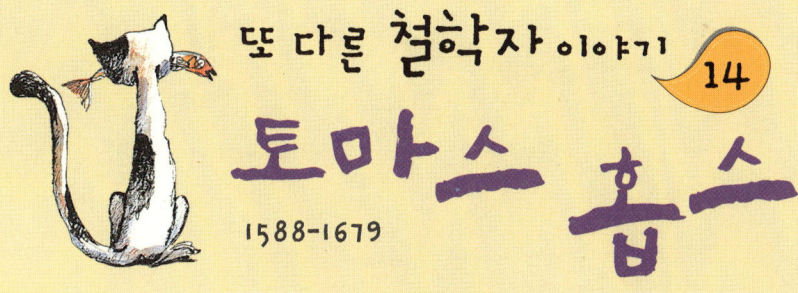

또 다른 철학자 이야기 14
토마스 홉스
1588-1679

홉스는 네 살 때부터 글을 읽고 여섯 살에는 그리스어와 라틴어를 배울 정도로 영특한 아이였습니다.

성인이 된 홉스는 많은 유명 인사와 친분을 쌓았습니다. 그중 한 명이 베이컨이었는데, 홉스는 그가 쓴 책을 라틴어로 번역하는 작업을 돕기도 하고 베이컨의 생각들을 노트에 적어 담았습니다. 이런 작업은 홉스가 자연스럽게 베이컨의 경험론을 배우는 계기가 되었습니다.

홉스가 쓴 『리바이어던』은 철저하게 경험론에 바탕을 둔 책으로 인간을 '태어날 때부터 이기적인 존재'로 정의 내리며 힘 있는 자가 약한 자를 잡아먹는 약육강식의 세계가 될 거라고 판단했지요. 그래서 그는 모든 사람들이 합의하여 아무도 대적할 수 없는 강력한 법을 만들고 그 법으로 사회의 질서를 잡아가자고 주장했답니다.

철학은 살아 숨쉬고 바뀌는 것이란다
게오르크 헤겔

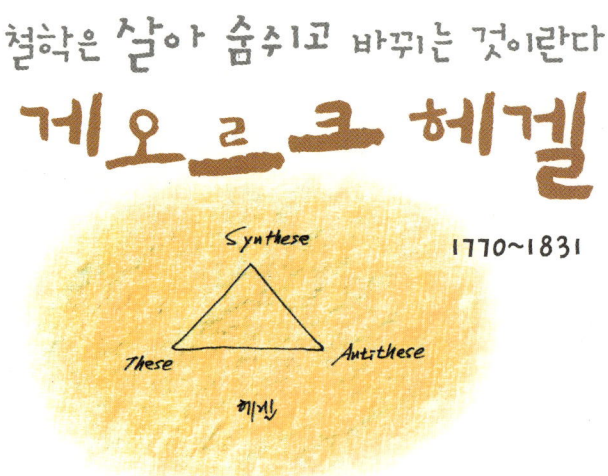

사람들이 철학에 대해서 이야기를 할 때 가장 많이 다루는 철학의 학파가 뭔지 알고 있니? 바로 '헤겔학파'란다.

나는 헤겔이라는 사람이란다. 그래 바로 헤겔학파의 근원이 되는 사람이지. 하지만 솔직히 말해서, 나는 어떤 학파를 만들어야겠다는 생각을 한 적이 없단다. 그저 내 의견을 따르는 이들이 자율적으로 아주 커다란 무리를 이룬 셈이지.

아무튼 헤겔학파는 '변증법'이라는 것을 기본으로 한단다.

변증법이라는 말이 어렵지? 하지만 사실은 아주 쉬운 방법이란다. 변증법이란 간단히 말하면, 사람의 생각과 경험으로 결과를 생각하려고 하는 힘이란다.

내가 철학에 크게 관심을 갖게 된 것은 바로 튀방겐 대학에서였어. 그때 나는 처음으로 친구라는 것을 사귀게 되었지. 그들이 바로 시인인 프리드리히 빌헤름 요셉 셸링, 철학자인 프리드리히 횔더린이었어.

그 후에 아주 우연히 프랑스 혁명이라는 것이 일어났단다. 프랑스의 귀족이 아니지만 공부를 해서 지식을 가진 사람들이 귀족들에게 대항했단다. 이 일은 후에 대혁명이라고 불리면서 너희가 나중에 배울 세계사에서도 중요한 사건으로 기록되었지. 너희가 알고 있을 '마리 앙투와네트' 나 '루이 16세' 가 이 때의 사람들이야.

나는 셸링을 따라 제3신분의 사람들 편에 섰단다. 그들이 말하던 '자유, 평등, 박애' 라는 말은 내게는 새로운 울림이었어. 그리고 나는 그것이 인간이 가질 수 있는 가장 아름다운 정신이고 기본이라고 생각했단다.

나는 셸링과 함께 프랑스를 바꾸는 모임에 가입하기도 했고, 그들을 위해서 많은 정치 방법을 생각해 내기도 했지.

아마, 이때부터 내 철학이 눈을 뜨기 시작했던 것 같아.

나는 프랑스 혁명이 세상을 바꿀 수 있을 거라고 생각했어. 그런데 그때 문득 이런 생각이 들더구나.

'가만, 가만 있어봐. 이제까지의 역사를 생각해 볼 때, 세상은 지

게오르크 헤겔

금처럼 계속해서 바뀌어온 게 아닐까?'

나는 혁명 속에서 이런 생각에 잠겨 있었어. 그리고 이 생각은 내게 '변증법'이라는 곳에 닿을 수 있도록 하는 기회가 되었단다.

나는 그 후 이제까지의 사람들의 행동이 한 가지의 법칙에서 나온다는 것을 증명하려고 노력했어. 그러기 위해서 이제까지 배웠던 역사를 생각해서 순서를 만들었고, 그 순서를 통해서 나는 사람들이 점점 앞을 향해서 바뀌어 가고 있는 것은 바로 '경험' 때문이란 걸 알았지.

'그래, 이거야! 이게 바로 사람들을 움직이는 힘이 된 거야!'

나는 그 후에 방에 틀어박혀서 열심히 그 원인과 결과, 그리고 과정에 대한 것을 적어 내려가기 시작했어. 내 작업은 내가 어려서부터 공부해 왔던 것들이 바탕이 되었기 때문에 그리 어려운 일이 아니었어. 나는 그렇게 밥도 거르고 잠도 자지 않은 채, 내 생각을 노트에 빼곡하게 적어 냈지.

나는 그렇게 변증법을 만들어 낼 수 있었단다.

나는 베를린의 대학 교수로 있었지. 나에겐 많은 제자들이 있었단다. 나는 그 사람들을 가르치는 데 모든 열정을 쏟았지.

그래서일까?『헤겔철학』이라는 이름으로 출판이 된 열 권이 넘는 책 안에 내가 쓴 것은 단 두 권뿐이고, 나머지는 내 제자들이 수업 시간의 노트를 정리해서 출판한 것이었어.

많은 사람들은 그 책들을 읽고 내게 여러 가지 자신들의 생각을 이야기하러 오기도 하고, 나와 철학에 관해 깊은 이야기를 나누고 싶어 했지. 그들은 모두 내 철학이 결코 살아서는 닿을 수 없는 진리를 찾는 것이 철학이라는 생각을 바꾸었다고 칭찬해 주었지. 하지만 나는 그들의 이야기를 들으면서 외로움을 느꼈단다.

왜냐하면 나는 그들이 내 학생들처럼 사실은 철학이란 무엇인지를 알지 못한다는 생각이 들었기 때문이야.

변증법이라는 것은 누군가의 경험이 아니라 자신의 경험을 통해서 보다 강하게 앞으로 나갈 수 있다는 것을 나는 믿고 있었단다. 예전에 실수를 했기 때문에 다시 도전할 때는 실수를 하지 않는 것, 그래서 자기 자신을 믿을 수 있는 것, 그것이 바로 변증법이 가진 진정한 힘이었지.

하지만 사람들은 그렇지 않았지. 사람들은 그저 변증법으로 생각해서 결론을 내는 것에서 모든 것이 끝난다고 생각했거든. 나는 변증법이 사람의 생활을 바꾸어서, 그것이 삶 속에서 도움을 줄 수 있기를 원했지만 누구도 그것을 내게 보여 주지는 않았어.

그래선지, 살롱이나 회의에서 사람들과 이야기를 하고 있으면 나만 혼자 떨어져 있는 것 같았단다.

게오르크 헤겔

"왜 그렇게 어두운 얼굴을 하고 있는 건가?"

하루는 파티에서 내가 아무 말도 하지 않고 있었더니 친구가 이렇게 말을 하더구나. 그 친구는 내 생각을 그나마 가장 잘 이해하고 있는 사람이었어.

"그냥, 저 대화에 끼고 싶은 생각이 들지 않아서 말이야."

"그러지 말고 사람들과 이야기를 나눠 보게. 모두 자네 이야기에 잔뜩 흥이 나 있단 말이야. 이럴 때 주인공이 빠지면 어떻게 하나."

친구의 말에 나는 어깨의 힘이 쭉 빠지는 것 같았단다. 내가 어째서 대화에 끼고 싶지 않은지를 나를 가장 알고 있다고 생각한 친구마저도 이해하지 못한 것이야.

철학은 사람에게서 멀리 떨어진 것일까, 아니면 사람의 가까이에 있는 것일까? 수많은 철학자들은 철학이 사람의 위에 있는 것이라고 말했어. 철학이라는 것은 사람을 바른 길로 이끌어 주는 것이라고 말이야. 하지만 나는 조금 생각이 다르단다.

변증법이라는 것은 결코 사람이 생각하는 것의 위에 있는 것이 아니야. 그것은 사람의 안에서, 역사의 안에서 사람과 함께 움직이며 앞으로, 앞으로 발전해가는 것이란다.

나는 그것이 바로 진정한 철학이라고 생각해. 변증법은 철학의

게오르크 헤겔

아주 작은 부분에 지나지 않을지도 모르지. 하지만 변증법처럼 우리가 모르는 사이에 우리의 깊은 곳에서 우리를 바꾸어가는 힘. 그것이 바로 철학이 아니겠니?

헤겔의 변증법

세계를 이루는 물질을 끊임없이 변하고 발전한다는 '정반합'을 기본 원리로 설명한 것이다. 예를 들어, 철학 공부를 하고 있다면 그 상태가 정의 상태이고, 새로운 공부를 해서 머리가 복잡해지는 것이 반의 상태, 그리고 공부를 해서 결론을 얻은 것이 합의 상태이다. 이때 합의 상태는 그전의 상태보다 발전한 상태가 된다는 것이다.

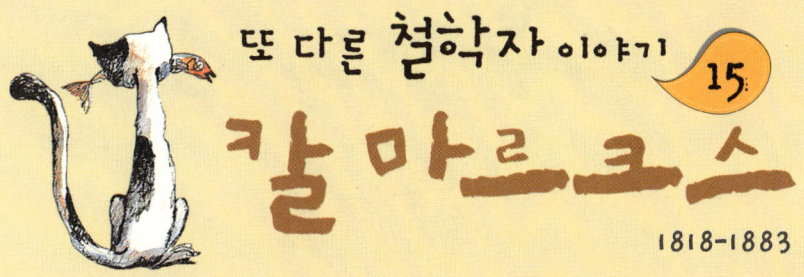

또 다른 철학자 이야기 15
칼 마르크스
1818-1883

독일의 경제학자이자 정치학자인 마르크스는 유대인 법률가 집안의 셋째 아들로 태어났습니다. 우리나라의 고등학교에 해당하는 트리어김나지움을 졸업한 뒤 그는 대학에서 그리스 로마의 신화, 미술사, 법률, 역사, 철학을 공부했습니다. 이때 철학 수업을 통해 마르크스는 헤겔 철학에 관심을 갖고 그의 사상에 관하여 깊이 연구하기 시작했습니다.

마르크스는 헤겔의 변증법적 역사관에 큰 관심을 가졌는데 그는 이 세상의 역사를 원시 공동사회, 노예제 사회, 봉건제 사회, 자본주의 사회, 공산주의 사회의 순서로 된 계급투쟁의 흐름으로 보았고 결국 공산주의가 세상을 지배할 것이라고 생각했습니다. 그가 생각한 공산주의 사회는 '모든 사람이 똑같이 일하고 똑같이 받는 계급과 그에 따른 불평등이 없는 사회'였습니다.

나를 소중히 여기는 사람을 찾거라
존 스튜어트 밀
1806~1873

"당신은 자유로운 사람입니까?"
사람들은 이런 질문에 고개를 갸우뚱거릴지도 모르겠구나.
"나는 아주 자유로워요. 하고 싶은 건 다하고 있는걸요."
어떤 사람은 이렇게 대답하겠지.
"사람들이 날 자유롭게 해 주지 않아요. 그래서 너무 괴로워요."
또 어떤 사람은 이렇게 얘기하겠고.
자유라는 것이 무엇인지, 그것을 너희들은 자신 있게 이야기 할 수 있니? 그리고 자유라는 것이 어떤 의미인지를 알고 있니?
나는 영국에서 태어난 철학자이자 사상가인 존 스튜어트 밀이라고 한단다. 나는 주로 '자유론' 이라는 것을 기본으로 사람에게 얼마나 자유라는 것이 중요한 것인지에 대해서 이야기하곤 했지. 이런 나의 '자유'에 대한 생각은 자유주의라는 새로운 사상을 만들어 내는 계기가 되기도 했단다.

자유론이라는 것은 사람에게 있어서 얼마만큼의 자유가 보장되어야 하는지에 대한 것을 생각하는 것이야.

사람들이 함께 살아가고 있는 이상, 자유에도 한계가 있지 않으면 곤란해. 누군가를 괴롭히고 죽이는 것마저 자유라는 이름으로 그냥 놔둔다면 큰 문제가 되지 않겠니? 그렇기 때문에 사람의 자유는 가능한 범위 안에서 지켜 주어야 한다는 것을 말하고 있지. 그것이 자유론이란다. 생각보다 간단하지?

다시 말해서 자유란, 다른 사람의 자유를 방해하지 않는 선에서 자신의 생각대로 행동하고 말하는 것이란다.

이렇게 자유론에 대해 말을 하고 있는 나도 사실은 자유롭지 않은 어린 시절을 보냈단다. 내 아버지는 나에게 거는 기대가 크신 분이셨지. 아버지는 자신이 일류 학자가 되지 못했기 때문에 내게 큰 기대를 가지고 있었단다.

"너는 분명 훌륭한 학자가 될 거야. 나는 네게 무한한 재능이 있다는 것을 알고 있지. 너는 나를 닮았거든. 나는 어려서 공부를 많이 하지 못했지만 네게는 똑같은 일을 겪게 하고 싶지 않아. 그러니

존스튜어트밀

내가 이러는 것도 다 너를 위한 거란다. 알겠니?"

"네, 알아요, 아버지."

나는 아버지가 내게 기대하고 있는 것이 크다는 것을 알고 있었기 때문에 싫다는 이야기를 하지 못했어.

아버지는 내게 많은 것을 가르쳐 주었단다. 나는 세 살 때부터 그리스어를 배웠고, 그 후엔 라틴어를 배웠어. 그리스어와 라틴어 공부가 힘들긴 했지만 그것보다 밖에 나가서 놀고 싶은 마음을 참는 것이 더 힘들었지. 가끔은 아버지의 눈을 피해서 밖에 나가려고도 했지. 하지만 그럴 수가 없었어. 매일 밤마다 아버지는 그 날 공부한 것을 반드시 확인했거든. 나는 아버지의 질문에 대답을 하기 위해서 몇 번이고 책을 외우고 또 외워야만 했단다.

"그럼 이럴 땐 어떻게 대답을 해야 하지?"

"음, 그게, 음……."

아버지의 질문에 내가 대답을 잘 하지 못하면 아버지는 매우 화를 냈어. 나는 아버지가 그런 눈으로 나를 보는 게 너무 싫었단다. 그리고 그런 아버지를 보는 것이 괴로웠어. 그래서 나는 열심히 공부했단다. 아버지를 실망시키지 않기 위해서 말이야.

내 어린 시절은 이렇게 책과 함께 한 시간이 많아. 물론 그 시간을 후회하지는 않는단다. 그것은 아버지 나름대로 내가 잘 되기를 바라는 것이라고 생각하기 때문이지. 다만 아버지는 내게 자유라는 것을 주지 않았어. 내가 하고 싶었던 것, 내가 배우고 싶었던 것을 내가 스스로 배울 수 있는 기회를 주지 않았지.

그런 생활 속에서 나는 큰 외로움을 느꼈단다. 나는 항상 진정으로 나를 이해해 줄 사람을 찾았단다. 그리고 드디어 그런 사람을 만날 수 있었지.

내가 스물 다섯 살이 되던 해였어. 나는 아버지의 도움으로 많은 실업가들과 알고 지냈었는데, 하루는 그중 한 사람인 존 테일러의 초대를 받고 그의 집을 찾아갔던 적이 있었지.

"어서 오세요. 남편에게 이야기는 많이 들었어요. 이렇게 직접 만날 수 있어서, 정말 영광이에요."

테일러의 집에서 나를 맞이한 것은 그의 부인인 스물 세 살의 하리엣 테일러였지. 나는 테일러 부부와 함께 저녁 식탁에 앉았어. 그리고 여러 가지 이야기를 나누게 되었지.

이제까지 여자와는 가까이 한 적이 없었고, 가까이 했다고 해도 내 말을 제대로 이해 못한 채 내 관심만 사려는 사람이 대부분이었기 때문에 하리엣은 참 신선했단다.

그녀는 예술과 학문에 많은 관심이 있었고 그에 못지 않는 지식도 갖고 있었어. 그리고 나와 많은 부분에서 의견이 통하기도 했지.

존스튜어트 밀

137

나는 그녀와 이야기를 나누면서 평소 이상으로 말이 많다는 것을 느꼈어.

나는 그녀와 그 후에도 자주 만났어. 테일러는 나와 그녀가 많은 면에서 통한다는 것을 알고 우리가 만날 수 있도록 신경을 많이 써주었단다. 나는 하리엣을 만나면서, 많은 것을 새롭게 생각할 수 있게 되었고 그런 나를 하리엣이 많은 부분에서 도와주었어.

나는 그런 하리엣에게 존경심을 느꼈지. 그녀 역시 내게 비슷한 감정을 가지고 있었다고 생각해. 우리는 영혼으로 서로를 이해할 수 있는 관계였단다.

그런데 세상은 참으로 이상하지. 하리엣이 남편이 있는 사람이기 때문에 그녀와 내가 둘이 만나서 이야기를 나누는 것을 색안경을 끼고 보더구나. 심지어는 내 가족들마저 나를 비난했어.

"아무리 그래도 그렇지. 남편이 있는 여자를 만나다니, 내가 너를 잘못 가르친 모양이구나!"

아버지는 내게 이제까지 보여준 적이 없었던 얼굴을 보이면서 이렇게 소리쳤어. 어머니도 집안사람들이 밖에서 얼굴을 들고 다닐 수 없으니 어서 하리엣과의 관계를 정리하라고 했지. 하지만 나는 가족들이나 친척의 말이 전혀 이해가 되지 않았어.

"어째서 그런 이야기를 하는 거죠? 나와 하리엣은 서로를 가장

139

잘 이해할 수 있는 관계예요. 나는 그녀를 통해서 많은 것을 생각하게 되었어요."

"그래서 남편이 있는 여자와 뭘 어떻게 해 보겠다는 거냐?!"

내가 아무리 아니라고 말을 해도 아무도 내 말을 들어보려고 하지 않았어.

내가 어두운 표정으로 하리엣을 찾아갔을 때 하리엣 역시 다른 사람들에게 같은 이야기를 들었는지, 어두운 표정을 하고 있었지.

우리는 나쁜 짓을 하고 있었던 게 아니었어. 우리는 그저 서로의 생각을 가장 잘 이해할 수 있는 친구였을 뿐이야. 그게 서로의 입장 때문에 다른 사람에게 말을 들어야 하는 것이었을까?

"진정한 자유라는 것은 무엇이지?"

나는 그때부터 그 동안 내 안에서 계속 의문을 가지고 있었던 '자유'라는 단어의 뜻을 생각하기 시작했단다.

"나는 두 사람을 의심하지 않아요. 두 사람이 남자와 여자라는 것 뿐이지, 서로가 서로를 가장 잘 아는 친구라는 것에는 차이가 없으니까."

하리엣의 남편인 테일러는 우리를 의심하지 않았어. 하리엣과 나의 우정이 애정이나 사랑을 넘어선 더욱 큰 것이라는 것을 테일러가 이해해 주었기 때문이었어. 그 덕분에 우리는 사람들의 의심의 눈에도 불구하고 서로를 만나는 데에 떳떳할 수 있었지.

나중에 내가 건강이 안 좋아져서 파리로 요양을 가게 되었을 때도 하리엣은 테일러의 허락을 받고 그녀의 두 아이와 함께 파리에 와서 나를 간호해 주기도 했지.

만약 사람의 영혼이 두 개로 나뉘어 있다면, 내 나머지 영혼은 하리엣이 아니었을까 싶구나.

나는 하리엣을 만나면서 많은 것에 대해 생각을 했어. 그리고 나의 자유에 대해서도 생각을 했지. 사람들은 때론, 이렇게 말을 해.

"내 자유니까 내 마음대로 한 거야."

그들은 자유를 자기들의 상황에 좋은 변명거리로 사용하지. 하지만 자유라는 것은 그런 것이 아니란다. 나의 자유가 소중한 만큼 누군가의 자유를 지켜 줘야 하는 것. 그리고 지켜 주는 안에서 나의 자유를 누리는 것. 그것이 진정한 자유가 아닐까?

나의 자유가 소중하듯 타인의 자유도 소중한 거야. 그렇게 서로를 생각해 주는 것에서부터 진정한 자유가 시작되는 것이란다.

나는 이런 이야기를 자유론이라는 책에 적었고, 이 책은 사람들에게 많은 동의를 얻었어. 그 후, 전 세계를 뒤흔들었던 자유주의는 내 책에 그 기본을 두고 있단다.

만약 내가 하리엣을 만나지 않았다면 나는 『자유론』이라는 책을

쓰지 못했을 거야. 그리고 너희 앞에 이렇게 서는 일도 없었겠지. 하리엣은 내게 철학이라는 것을, 그리고 자유라는 것을 생각하게 해 준 사람이야. 나는 하리엣을 만난 것이 내가 얻을 수 있었던 최고의 선물이라고 생각한단다.

밀의 자유론

밀은 시민의 사회적 자유를 이야기하면서, 국가의 적절한 간섭에 의해서 자유가 가능하며, '국가의 가치는 결국 그 국가를 구성하는 개인의 가치에 있으며, 개인을 경시하는 국가는 존립하지 못한다'고 주장하였다.

또 다른 철학자 이야기 16
제레미 벤담
1748 - 1832

'공리주의'란 19세기 중반 영국에서 나타난 사상으로 '더욱 많은 사람들이 더욱 많은 행복을 누린다'는 뜻을 가지고 있어요. 이 공리주의의 대표적 철학자로 벤담이 있답니다.

철학자인 벤담은 영국 런던의 중산층 가정에서 태어났습니다. 어린 시절 벤담은 감수성이 풍부하고 여린 심성을 가진 소년으로, 어른들을 따라 사냥을 나가도 작은 짐승조차 죽이지 못할 정도였습니다.

어른이 된 벤담은 당시 산업혁명으로 많은 노동자들이 나쁜 근무조건 속에서 쉴 새 없이 일하는 모습을 보고 법을 고쳐야겠다는 생각이 들었습니다.

그리고 마침내 더욱 많은 사람들이 더욱 많은 행복을 누린다는 뜻의 '최대다수의 최대행복'을 자신의 철학적 목표로 삼습니다.

언제나 스스로 당당한 사람이 되거라
데모크리토스
BC460~BC370

세상에는 참 많은 오해들이 있단다. 가끔 사람들은 그 안에 있는 마음은 읽으려고 하지 않고 그저 눈에 보이는 것만으로 사람을 보려고 하는 것이 많이 있지.

"웃는 철학자 데모크리토스."

사람들은 나를 웃는 철학자라고 부른다.

이렇게 말하면 너희들은 고개를 갸우뚱 하면서 묻겠구나.

"왜 웃는 철학자예요?"

어떤 사람들은 내가 어리석은 인류를 비웃었기 때문에 그런 말을 들었다고도 하더구나. 하지만 나를 아는 사람들이라면 그것은 틀린 말이라는 것을 분명히 알고 있을 거야.

나는 그리스에서 태어났단다. 그리스에는 훌륭한 학자들이 많이 있단다. 그에 맞게 훌륭한 철학자도 많이 있어. 나는 사실 내가 철학을 공부하기는 했지만 제자도 별로 없었고 내 스스로 연설을 다니는 성격도 아니었단다. 다만 사람들에게 나의 철학을 이야기할 뿐 정치를 하려고 하지도 않았고 정치인과 어울리지도 않았지.

그 때문에 소크라테스와 아리스토텔레스는 알아도 나의 이름을 들으면 모르는 사람들이 꽤 많이 있었단다.

나는 그렇게 가난하지 않은 집안에서 태어났단다. 돈이 너무 많아서 주체를 하지 못하는 정도는 아니었지만 나 하나쯤 일을 하지 않아도 먹고 사는 데에는 크게 지장이 없는 집안의 사람이었지. 그렇기 때문에 나는 일을 하기보다는 내 자신에 대해서 생각하는 일이 꽤 많았단다. 남들처럼 정치를 하고 싶은 꿈도 없었으니 더욱 내가 할 수 있는 일이 없었지.

"어째서 네가 천한 평민들처럼 일을 하려고 하는 거니? 그럴 거면 그냥 집에서 편하게 쉬기나 하렴!"

항상 집안의 명예를 중요하게 생각하는 부모님은 내가 다른 사람들처럼 몸을 움직이며 일하는 것을 원하지 않았어. 그렇다고 정치인을 목표로 하고 있었던 것도 아니었기 때문에 내게 인생은 그저 무료한 시간이었을 뿐이었단다.

145

나는 늘 집 안에서 사색을 즐겼단다. 그 외에 내가 특별히 할 수 있는 일이 없었던 것이 그 첫 번째 이유였어.

그렇게 사색을 즐기는 중에 나는 자연스럽게 철학이라는 것, 인간의 삶이라는 것은 대체 무엇인가에 대해서 깊게 생각을 하게 되었지.

그것이 내가 철학자의 인생을 살게 된 첫 시작이었단다.

"그렇게 열심히 공부를 했으니 정치를 한번 해 보는 것은 어떠니? 마침 왕이 사람을 찾는 모양인데."

어느 날 아버지가 조용히 사색을 하고 있던 내게 넌지시 말을 걸었단다. 하지만 나는 단번에 거절했지.

"어째서냐? 아무리 공부를 해도 그것을 써먹지 않으면 아무런 소용이 없는 거다. 모처럼 네가 열심히 공부를 하는데다 학식도 풍부하다는 이야기를 듣고 너를 써 주겠다고 하는데 네가 이렇게 거절을 하면 쓰겠냐?"

아버지는 역정을 내며 내게 말했어. 하지만 아버지가 아무리 그렇게 말을 해도 나는 아버지의 말을 들을 생각이 없었지. 특히 정치에 관해서는 말이야.

우리 집이 정치와 관계가 있는 곳이어서 그런지 나는 정치라는 말을 아주 싫어했단다. 특히 아버지의 옆에서 보고 있기만 해도 알 것 같았어. 정치로 인해서 서로가 서로를 죽일 듯이 험담하고 욕하고 그렇게 자리를 차지하려고 벼르고 있다는 것을 말이야.

'웃는 얼굴 안에 칼을 갈고 있는 사람들이 바로 정치를 하겠다는 사람들이야.'

나는 정치라는 것에 매우 부정적이었단다.

내가 가까이서 본 사람들은 정치나 권력과 관계를 가지면서 점점 변해갔단다. 처음에는 시민들을 위해서 일을 할 거라고 말을 하지. 하지만 그 말을 반년 이상 유지한 사람은 별로 없었단다. 모두 손에 권력과 재물을 쥐게 되면 그때부터는 그것의 노예가 되는 거야. 조금 더 벌고 싶고 조금 더 모으고 싶어 했지. 시민들의 행복이라는 것은 안중에도 없게 되는 거야.

물론 모든 정치인이 똑같은 것은 아니었지만 그때는 그것이 아주 자연스러운 순서였단다. 그것을 보고 있자니 나 역시 그렇게 되는 것이 죽을 정도로 싫었단다.

나는 부모님의 말을 뒤로하고 그 후부터는 내 생각을 정리해서 책을 써 내려가기 시작했어. 누군가에게 대단한 이야기를 하기 위한 책이 아니었지. 내 머릿속을 정리하고 나 스스로를 되돌아보기 위한 것이었단다.

그런데 이상한 것은 그런 것을 반복하던 사이에 어느새 철학자로서 내 이름이 사람들에게 조금씩 알려지기 시작한 것이란다.

한번은 어떤 사람이 나를 찾아왔단다. 그는 자신과 동업을 한 사람이 장사를 해서 크게 성공을 했는데 자신에게 돌아오는 돈을 계산해 보니 아무래도 자기를 속이고 있는 것 같다며 정말로 그런 것인지 판단을 내려 달라고 했지.

"그러면 그 사람에게 직접 물어보는 게 좋지 않겠습니까?"

"그렇게 하면 제가 속이 좁은 사람처럼 보이지 않겠습니까."

그는 난처한 얼굴을 하며 말했어. 나는 그에게 이런 대답을 해 주었지.

"사람을 의심하는 것은 잘못된 것입니다. 애초에 의심할 정도의 사람이었다면 동업을 하지 않았겠지요. 또 궁금하면 본인에게 직접 물어보시지요. 만약 물을 수 없다면 평생 그 의심을 마음속에 묻어 두십시오. 그것이 그 사람과 평생을 함께 하는 방법입니다."

내 말에 그는 머뭇거리며 조금 생각을 해보겠다고 말했단다.

나를 찾아오는 사람들에게 나는 언제나 스스로 당당할 것을 강조했단다.

"사람을 의심하려고 하지 말라. 다만 신중하게 처신하고 안전한 길을 걸어가거라."

"그릇된 행동에 대한 후회는 인생을 구원해 주는 신의 은총이다."

"행실이 바른 사람은 언제나 안락하고 편한 삶을 누린다."

나는 언제나 사람의 좁은 마음과 부질없는 욕심이 불안과 불행을 불러온다고 말했어. 사람으로서 살아가면서 불안을 한번이라도 느껴본 적이 없다면 그것은 말이 되지 않지. 나 스스로도 한번쯤은 느껴본 감정이었으니까 말이야. 하지만 그런 자신을 알아차리고 반성한다면 그 후에는 편안한 마음으로 살아갈 수 있을 거야.

데모크리토스 원자론

낙천적인 기질 때문에 '웃는 철학자(Gelasinos)'라는 별명을 가진 데모크리토스는 스승 레우키포스와 함께 고대 원자론을 확립했다. 데모크리토스는 만물의 근원이 '더 이상 쪼개질 수 없는 가장 작은 입자'라 했고, 진공 속의 원자의 운동은 원자의 무게에 의해 생겨서 영원히 계속된다고 주장했다.

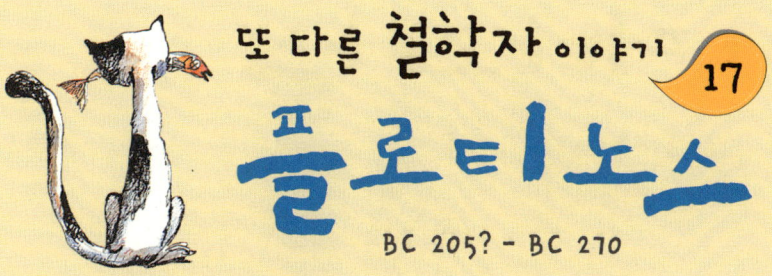

또 다른 철학자 이야기 17
플로티노스
BC 205? - BC 270

그리스 철학자 플로티노스의 얼굴을 본 사람은 그리 많지 않습니다. 왜냐하면 플로티노스는 자신의 초상화를 절대로 그리지 말라고 했기 때문이었습니다.

그의 이런 독특한 성격 때문에 제자들은 수업 시간에 화가를 몰래 초청해 스승의 얼굴을 잘 기억해두도록 했다가 그 기억에 의지해 초상화를 그리도록 부탁을 할 정도였습니다.

플로티노스의 이러한 행동은 그가 자신의 육체를 너무도 혐오스러워 했기 때문이었습니다. 신 플라톤주의자였고, 아리스토텔레스나 스토아학파에 큰 영향을 받았던 그는 육체야 말로 모든 고통과 문제의 근원이라고 생각했습니다.

육체를 심하게 혐오했던 그는 몸을 제대로 씻지도 않았다고 합니다.

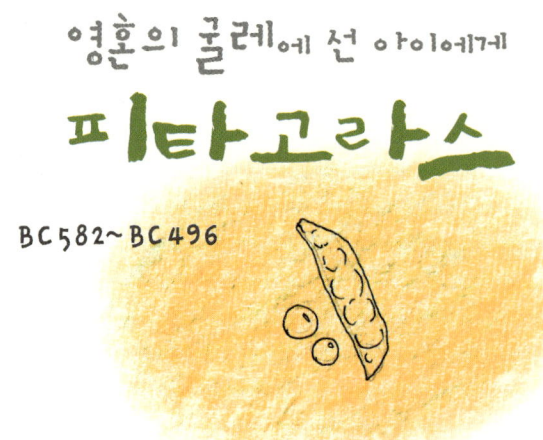

영혼의 굴레에 선 아이에게
피타고라스
BC 582 ~ BC 496

나는 사람들의 앞에 나서는 것을 그리 좋아하지 않았단다. 그것은 아마 내가 철학을 하면서 좋지 않은 일을 종종 겪었기 때문이었을 거야.

나는 532년에 정치적 폭군을 피해서 나라를 버리고 지금의 이탈리아로 망명을 했단다. 내가 살던 나라는 이름도 없는 아주 작은 곳이었는데 그곳의 왕은 언제나 강압적인 법으로 사람들을 핍박하곤 했었지.

사람들은 하고 싶은 말도 제대로 하지 못하고 언제나 눈치를 봤지. 사람의 감정은 굳어 버린 채로 서로 눈치를 보면서 눈인사를 나누고서는 서둘러 자신의 집에 들어가는 것이 일상이었단다.

"이런 곳에서는 더 이상 살 수가 없어. 차라리 나는 이 나라를 버리겠어."

나는 내가 하고 싶은 말도 제대로 하지 못하는 것이 너무 싫었단다. 나는 평생을 두고 내 나라를 그리워했지만 한번 나온 나라에는 다시는 되돌아갈 수가 없었단다.

나는 서부 이탈리아에 학교를 세웠단다.

그곳에서 나는 제자들을 키웠지. 내 제자들은 내가 가르치는 철학을 배웠고 내 뒤를 이어서 연구를 해 주었단다.

나와 내 제자들은 피타고라스학파라는 것을 만들었고, 이 학파는 수학이나 천문학적으로도 많은 업적을 남겼단다.

그 중의 하나가 '피타고라스의 정리'라고 하는 수학의 정수 계산의 방식이란다.

나의 학파는 나를 중심으로 한 철학의 한 장르이고 동시에 종교 결사체였단다. 내가 철학을 연구할 당시만 하더라도 종교와 정치는 철학과 떼려야 뗄 수 없는 관계에 있었단다. 종교는 정치인들이 보다 확실히 사람들을 하나의 힘으로 모으기 위한 도구와도 같았기 때문이야.

나는 나의 사상에 대해서 먼저 이렇게 말을 했어.

"나는 영혼이 다시 태어난다는 것을 믿는다. 그러므로 모든 살아 있는 생명은 가족과도 같은 연을 가지고 있는 것이다."

나는 사람들에게 이 부분을 강조했어.

비록 눈에 보이는 피의 인연을 가지고 있지 않다고 하더라도 눈에 보이는 것이 전부는 아니라는 것이 내 이론의 중심이었단다. 나는 영혼이 새롭게 태어나는 것이라고 믿었어. 그렇기 때문에 지금은 가족이 아니라도 먼 옛날, 혹은 옛날의 삶에서 서로 가족이었을지도 모르는 관계라고 말하고 있었지. 그렇기 때문에 모든 사람은 '친족성'을 가지고 있고 사람들은 서로를 가족처럼 아끼고 사랑하면서 지내야 한다고 했지.

피타고라스학파는 많은 시민들의 환호를 받았어. 우리는 단순히 과학이나 수학을 연구하는 것에 그치지 않고 사람들에게 도움을 줄 수 있는 것을 찾으려고 했단다. 그들의 생활에 필요한 과학을 연구했고 그것을 알려주었어.

그리고 우리가 가지고 있었던 종교적인 성격은 나라를 지배하고 있었던 지배자들에게도 호응을 얻을 수 있었단다.

내가 있던 이오니아에서는 이오니아학파라는 것이 있었어. 이오니아학파는 자연주의를 강조했지. 자연주의라는 것은 자연에 융합

되어서 살아가는 것을 기본적인 내용으로 하고 있단다. 그들은 자연 속에서 행복을 얻을 수 있고 자연에 융합되는 것이 바로 인간이 할 수 있는 가장 이상적인 행복이라고 말했지.

하지만 나는 그렇게 생각하지 않았단다.

나는 신비적이고 종교적인 것을 원했어. 보다 많은 사람들이 그 정신을 맡길 수 있는 장소를 만들고 싶었기 때문이었어. 무조건적으로 믿기만을 강요하는 종교들은 좋지 않지만 사람들은 누구나 어딘가 기댈 장소를 찾고 있어. 나는 그 속에서 내가 할 수 있는 철학의 방식을 찾으려고 노력한 거지.

나의 그러한 방식을 추종하는 사람이 많았기 때문에 곧 나의 이론을 인정하고 나를 따르는 사람들도 많아졌지.

영혼이라는 것은 우리의 몸을 움직이고 생각하고 말을 하게 하는 존재란다. 영혼이 없는 몸은 고깃덩어리에 불과한 거야. 그만큼 영혼이라는 것은 매우 중요한 존재란다. 나는 영혼은 죽은 후에 다른 몸을 찾아 새로 태어난다고 믿었고 그 전생을 기억해 내는 것이 아주 중요한 일이라고 생각했어. 전생을 생각해 낼 수만 있다면 자신이 저질렀던 잘못을 반복해서 저지르는 일은 없을 게 아니겠니?

그래서 나는 항상 제자들에게 전생을 기억해 내기 위한 명상법을

생각해 내는 데에 모든 힘을 다할 것을 이야기했단다. 또한 항상 영혼을 깨끗하게 해서 다음에는 신과 같은 자리에 설 수 있는 고귀한 사람이 될 수 있도록 영혼을 순수하게 지키는 것을 강조했어.

"신성한 것에 대해서 함부로 말하지 말거라. 신성한 것에 대한 불경스러운 말 한마디가 너희를 다음 생에 어떤 인간으로 태어날지 결정하게 만들 것이다. 영혼의 순수함을 강조할 수 있도록 흰옷을 입고 언제나 그 옷에 네 자신이 잘 어울리는 사람이 되기 위해 노력하거라. 성적인 순수성을 지켜라. 여자와의 쾌락을 탐하고 빠져드는 것은 악마와 손을 잡는 것과 같다. 콩을 먹지 말라. 콩의 모양이 매우 불순하여 콩은 우리의 몸에 나쁜 영향을 줄 것이다."

이런 우리를 보고 어떤 사람들은 괴짜라고 불렀단다.

"영혼이라는 게 진짜 있기나 해? 눈에 보이지도 않는 걸 믿고 있다니, 바보가 아니냐고."

이러한 내 종교적인 성격은 그 후에도 한동안 수많은 철학에 영향을 끼칠 수 있었단다. 그리고 이러한 부분이 그리스의 수많은 철학들과 비교했을 때에 특징으로 꼽을 수 있는 것이었지. 나는 철학이 정신을 사용함에 따른 영혼의 정화를 하는 도구가 될 수 있다고 믿었는데 그러한 생각을 했던 철학자는 나의 전에도, 뒤에도 그리

많지 않았어.

　나는 수학이나 과학에서 사회에 많은 도움을 주었기 때문에 수학자들과 과학자들이 우리 학교에 와서 공부했고 그러는 과정에서 그런 사람들이 피타고라스 학파를 자청하면서 사회 전역에서 활동하게 되었지.

　그렇게 해서 나의 이름은 내가 죽은 후에도 조금도 사그러들지 않은 채 전 세계에서 그 위세를 당당하게 떨칠 수 있게 되었단다.

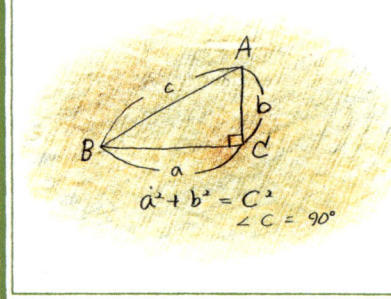

피타고라스 정의

직각삼각형의 직각을 끼고 있는 두 변 위의 정사각형의 넓이의 합은 빗변 위의 정사각형의 넓이와 같다고 하는 정리다. 그리스의 피타고라스가 처음 증명하여 이 이름이 붙었다.

또 다른 철학자 이야기 18
헤라클레이토스
BC 535 ~ BC 475

헤라클레이토스는 왕족의 자손으로, 모든 만물의 근원을 불로 본 철학자였습니다. 그는 우주의 모든 것이 서로 대립하고 다투면서 세상을 이루는 물질들이 하나둘씩 이루어졌다는 주장을 했습니다.

그리고 이런 사상을 일컬어 '로고스'라고 말했습니다. 하지만 그는 이런 사상들을 다소 어렵게 설명한 까닭에 주위 사람들로부터 '스코티노스(어두운 사람)'이란 별명으로 불리기도 했습니다.

헤라클레이토스는 자신과 생각을 달리하는 사람들에게 크게 실망하여 혼자 깊은 숲 속에 들어가 살게 됩니다. 그리고 얼마 후 숲 속에서 풀과 잡초만을 먹다가 수종증에 걸리고 맙니다.

경험이 깊이가 된다
키에르케고르
1813~1855

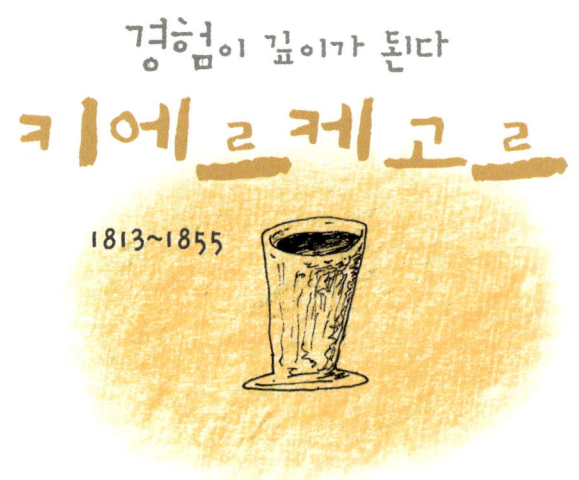

덴마크의 시골에 한 소년이 있었단다. 그 소년의 집은 매우 가난했기 때문에 학교는커녕 매일 먹고 사는 문제를 고민해야만 했지.

소년이 여덟 살이 되었을 때 아버지는 소년을 불러 놓고 말했어.

"이제 너도 자랐으니 네 먹을 것은 네 스스로 벌어야 하는 게 아니냐? 마침 이웃 마을에 황무지를 개간하는 소작인이 조수를 찾는다고 하니, 그곳에서 일을 하도록 해라."

아버지의 말은 명령과도 같았지.

소년은 어쩔 수 없이 어린 나이에 무뚝뚝한 소작인 밑에서 일을 하기 시작했단다. 뜨거운 햇볕에 피부는 까맣게 타버렸고 소년은 매일 지친 몸으로 헛간과 같은 방에 들어가서 곯아떨어지는 나날을

보냈어.

'신은 어째서 사람들에게 공평하지 못한 것인가!'

같은 나이에도 학교에 다니고 좋은 것을 먹고 끼니를 걱정하지 않아도 되는 아이들이 있는데 반해 소년은 그들과 자신이 너무 다른 삶을 살고 있다고 생각했어. 그리고 인간에게는 모두 공평하다고 말을 하던 신이 사실은 결코 공정하지 않다는 사실에 분노했지.

"신이여, 어째서입니까! 어째서 제가 이토록 죽을 것 같이 괴로운데 당신은 제 이러한 괴로움에서 눈을 돌리려고 하는 겁니까! 대답해주세요! 나는 당신을 저주합니다! 내 인생을 이토록 괴로운 것으로 만든 당신이 싫습니다!!"

얼마 지나지 않아 소년은 목재상을 하는 삼촌을 찾아 코펜하겐으로 향하게 되었단다. 그리고 그곳에서 삼촌의 사업을 도와주기 시작했는데, 소년이 나이가 들어 어른이 되었을 땐 덴마크의 수도인 코펜하겐에 무려 다섯 채의 집을 소유할 정도로 부자가 되었어.

바로 이 사람이 내 아버지란다. 사실 내가 철학과 책을 쓰는 데에만 신경을 쓰고 살아갈 수 있었던 것이 바로 아버지의 덕분이었지. 아버지가 내게 가난을 대물림하지 않겠다는 의지로 벌어둔 돈이 내가 작가로 살아가게 하는데 큰 힘이 되었단다.

그렇다고 아버지에게 받은 도움이 돈에 관한 것만은 아니었어.

내가 한 사람의 작가이자 철학자로 성장할 수 있었던 것은 아버지가 남겨 준 심리적인 유산이 더욱 컸단다.

내 아버지는 정통 루터교의 사람이었단다. 그는 항상 형식논증의 논리를 좋아했기 때문에 내게 논리적인 인간이 되라고 말했지. 아버지는 내게 많은 종교 서적을 사 주었고, 수많은 작가들의 소설을 읽게 했단다. 내가 그런 것에 관심이 있다는 것을 알기 전에도, 누구와 어떤 이야기를 하든 가슴을 당당하게 펴고 말할 수 있는 사람이 되라는 아버지의 가르침이 있었지.

아버지는 내게 구세주와 같은 사람이었단다. 아버지는 내가 하고자 하는 것을 들어주기 위해서 언제나 노력했고 그만큼 사업에서도 항상 당당한 모습을 보였지.

'이야아, 우리 아버지는 굉장해. 저렇게 당당하고 강한 아버지는 정말 좋아.'

나는 손님과 거래를 하는 아버지의 뒷모습을 몰래 훔쳐보는 것을 재미로 알고 살았어.

그런데 내가 나이가 들어가면서 아버지의 얼굴에 항상 그늘이 드리워져 있다는 것을 느끼기 시작했단다. 언제나 강하고 경건한 모습의 내면에는 항상 불안한 그림자가 보였어. 나는 그것이 대체 무엇 때문인지 궁금했단다. 그리고 할 수 있다면 아버지의 그런 불안을 내가 떨쳐버릴 수 있도록 돕고 싶다는 생각을 했어.

나는 몇 번이나 망설인 끝에 아버지에게 그렇게나 괴로워하는 이유를 물었지.

그런데 내가 아버지의 입에서 들은 이야기는 실로 놀라운 것이었단다.

"나는 어린 시절, 신을 저주한 적이 있었단다."

늘 교회에 다니는 착실한 루터교 신자인 아버지의 입에서 나올 수 있는 말이라곤 생각되지 않았어..

나는 아버지에게 따지듯이 물었단다.

"어머니가 일찍 돌아가신 것도 아버지 때문 아니에요?"

"미안하다."

"우리 형제가 여섯인데 그 중에 다섯 명이 모두 태어나 얼마 지나지 않아 죽은 것도 아버지 탓이잖아요."

"정말 미안하다……."

나는 그 길로 집을 뛰쳐나가고 말았어. 하지만 아버지의 저주는 내 가슴을 짓누르는 바위처럼 무겁기만 했어.

내게 신을 항상 경건하게 사랑하라고 말하던 아버지가 거짓말쟁이라는 사실이, 내가 신을 저주한 사람의 아이라는 것이 싫었지.

나는 내 존재에 대한 의심까지 하기 시작했단다. 그러다보니 아

버지와 진지하게 대화를 나눌 일도 없었고 그럴 생각도 들지 않았단다.

그렇게 시간이 지나갔고, 나는 아버지에게 떠밀려 신학을 공부하러 코펜하겐대학교에 갔지만 그곳에서 철학에 빠져버리고 말았지.

그런데 얼마 지나지 않아 내게 시련이 찾아왔단다. 아버지를 미워했고 모든 것이 아버지 탓이라 생각했던 탓이었을까. 아버지가 그만 세상을 떠나고만 거야.

나는 아버지에게 너무나 미안해서 울고 또 울었단다. 내가 그렇게 많이 울어본 것은 아마 처음이었을 거야.

그 후 나는 다시 신학 공부를 시작했단다. 아버지가 그토록 보고 싶어 했던 내 신학 공부하는 모습을 이제서라도 보여 드리자고 생각했어.

'그래, 신을 저주했으면 어때. 그건 한때의 일이잖아? 지금까지 계속 그 일에 대해 참회를 하고 있는데 그런데도 용서해 주지 않는다면 그건 신의 자격이 없는 거라고.'

나는 아버지의 잘못을 떨쳐 버리기 위해서 노력을 했지.

나는 『이것이냐 저것이냐 : 삶의 단상』이라는 책을 냈단다. 그리고 이 책으로 인해서 나는 철학이라는 것에 처음으로 발을 들일 수

165

있게 되었지.

나는 이 책을 통해서 아름다운 인생관과 윤리적인 인생이라는 것이 어떤 것인지에 대해서 사람들에게 이야기를 했단다.

이 책을 시작으로 나는 수많은 책을 써 내려가기 시작했어.

물론 내가 쓴 책들은 거의 대부분이 익명이나 아니면 가명으로 출판이 되었단다. 나는 내 이름으로 인해서 책을 읽는 사람들이 미리 결론을 생각해 놓는 것이 싫었어.

내가 한 말이니까 당연히 맞는 말, 혹은 틀린 말로 분리되는 것도 보고 싶지 않았단다. 나는 그런 것보다는 독자들이 스스로의 판단을 할 수 있도록 도와주고 싶었고 그런 용도로 책을 써 내려가기 시작한 것이었지.

이렇게 책을 쓰던 중에 나만의 철학이라고 할 수 있는 실존주의 사상이 책에 묻어나기 시작했지.

실존주의 키에르케고르

실존주의자이면서 독실한 기독교인인 키에르케고르는 '태어나지 않는 자가 가장 행복하다.'는 말을 한 것으로 유명하다. 기독교 교리에 따르면 모든 인간은 태어남과 동시에 원죄를 갖고 태어나므로 기독교적 의미에서 모든 인간은 죄인이다. 따라서 태어나지 않음으로 죄를 짓지 않는 것이라고 생각했다.

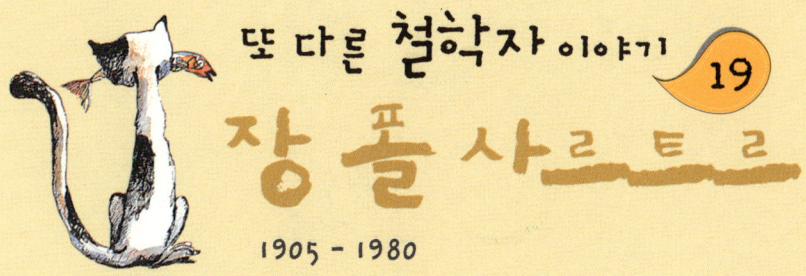

또 다른 철학자 이야기 19
장폴 사르트르
1905 - 1980

실존주의 철학자 사르트르에게는 독특한 일화가 많이 있답니다. 그는 세계 최초로 '계약결혼'을 한 인물로 유명하지요. 계약결혼이란 결혼생활에 관한 몇 가지의 항목을 적어 놓고 그것을 지키며 사는 결혼을 말합니다.

좀 이상하게 보이지만 사르트르와 같은 대학교의 학생이었던 보부아르는 몇 달 이상 결혼에 대해 토론한 끝에 계약결혼을 하기로 결정을 했습니다.

그리고 두 사람은 서로의 자유를 위해 자녀도 갖지 않았답니다.

또한 사르트르는 학교에 다니는 동안 강의를 제대로 듣지도 않고 늘 허름한 옷을 입고 매일 술을 마셨습니다. 하지만 샤르트르는 수석으로 학교를 졸업했답니다. 게다가 그의 아내인 보부아르는 샤르트르의 다음에 해당하는 차석으로 졸업을 했습니다.

철학이라는 것은 내 안에 있단다
라 메트리
1709~1751

Soul Body

철학이라는 건 대체 무엇일까? 나는 철학이란 바로 사람이 사람으로 살기 위한 표지판이라고 생각한단다. 그래서 철학이라는 말이 너희에게는 아직 조금 어렵게 느껴질지도 모르겠구나.

그래, 이렇게 예를 들면 될까? 너희에게 공부를 가르쳐주는 선생님처럼, 사람에게 사람으로 살기 위해서 가져야 하는 생각이나 생활 방법을 가르쳐주고 안내하는 것, 그것이 바로 철학이야.

나는 예전에 신학이라는 것을 배웠단다. 지금처럼 신부님이나 스님들이 배우는 종교에 대한 공부와는 다르게 예전에는 많은 사람이 신학이라는 것을 배웠지. 신학은 하나의 철학으로 자리를 잡고 있었단다. 하지만 나는 금세 신학에 싫증을 내고 말았어.

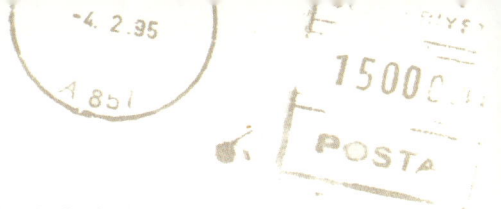

결국 나는 신학을 그만두고 의학의 길을 걷기 시작했지.

그럼 너희는 이렇게 묻겠구나.

"의사가 어떻게 철학자의 길을 걷게 된 거예요?"

내가 철학자의 길을 걷게 된 것은 아주 우연한 경험 때문이었단다. 그래, 내가 의대를 졸업하고 작은 병원을 하나 열려고 생각했던 무렵이었어. 그때 전쟁이 일어났단다. 오스트리아의 왕위계승 전쟁이었는데, 그때 나는 군의관으로 한 부대를 따라가게 되었단다.

나는 내 손을 필요로 하는 사람들에게 기꺼이 도움을 주고 싶었고, 군의관은 그 하나의 길이라고 생각했어. 그런데 나는 전쟁에서 철학을 깨달을 수 있었단다.

많은 병사들을 돌보던 일을 하던 나는 그만 심한 열병을 앓고 말았거든. 나는 너무 괴로웠고 죽을 것 같은 괴로움을 느껴야만 했어. 열병이라는 것이 그토록 괴로운 일이라는 것을 나는 미처 몰랐어. 나와 함께 갔던 다른 군의관들이 나를 돌봤지만 열이 계속 내리지 않았어.

"갑자기 숨이 이상해졌어! 빨리 약을 가지고 와, 해열제를!"

나는 멀리서 들리는 동료의 목소리를 들었단다. 그 순간 나는 이렇게 생각했어.

'아, 나는 이제 죽는 건가? 이렇게 허무하게 죽다니, 어이가 없어

서 억울한 마음도 안 드네.'

나는 너무 허탈했어. 기운이 쭉 빠지는 것 같았지. 그런데 그 순간이었어. 몸이 붕 뜨는 것처럼 떠오르더니, 이내 내 몸을 부시는 것처럼 억누르던 숨막히는 열기가 사라지고 만 거야. 나는 멍해서 주위를 둘러봤단다.

너희는 유령이 나오는 영화를 본 적이 있지? 딱 그런 느낌이라고 하는 편이 좋겠구나. 내 손은 투명했고 주위에 사람들이 있는데 아무도 나를 알아보지 못했어. 그리고 나는 괴로움에 떨고 있는 내 모습을 볼 수 있었단다.

하지만 내 몸이 괴로움에 떨 때마다 영혼인 내게도 그 통증이 전해져왔어. 물론 그것이 내가 직접적으로 느꼈던 괴로움보다는 훨씬 가벼웠지만 말이야.

'인간의 영혼은 몸과도 연결이 되어 있는 거구나. 그래서 영혼이 아프면 몸이 아프고, 몸이 아프면 영혼이 아픈 거였어.'

나는 그 순간 누군가가 알려준 것도 아닌데 그런 사실을 알아버리고 말았단다.

내가 다시 눈을 떴을 때는 나는 침대 위에 누워있었단다. 다른 동료들의 말에 따르면 내가 삼일 간 정신을 차리지 못한 채, 계속 열병을 앓았다고 했지.

"오늘까지 눈을 뜨지 않으면 정말 위험했어."

동료는 깨어난 내게 이렇게 말을 했어.

나는 아직도 통증이 남아있는 내 몸을 살펴봤단다. 그리고 몸에 아직도 남은 통증이 과연 몸의 것인가, 영혼의 것인가에 대해서 생각을 했어.

그리고 더불어 나는 신학에서 가르친, 영혼과 몸은 각각 분리된 통증을 느끼는 나누어진 존재라는 것이 완전한 사실이 아니라는 것도 알았지. 그것이 곧 나의 철학이었고 나는 그때의 열병으로 내 안에 숨쉬고 있었던 철학의 존재를 알아채게 되었단다.

그때의 열병은 내 인생을 완벽하게 바꾸어놓았지.

나는 그 경험을 기본으로 해서 책을 쓰기 시작했어.

철학이라는 것은 사람에 따라서 다른 거야. 신학은 한 가지의 철학을 모두에게 알려 주는 것이지만 내가 생각하는 철학은 그렇지 않았어. 각각 사람의 안에 그 사람만의 철학이라는 것이 있는 거지. 철학은 그 누구도 아닌 그 사람 안에서 존재하고, 단지 그것을 알아차리는 시간에 따라서 철학자가 되고 그렇지 못하는 것이 결정되는 거야.

나는 곧 내 생각을 사람들에게 알렸단다.

영혼과 몸은 분리되는 것이 아니라 서로의 영향을 받고 있다는

것을 말이야. 그래서 사람의 영혼이 아프면 몸이 괴롭고 아픈 것처럼 느껴지게 되는 거야. 나는 내가 열병으로 인해서 알아차린 이 사실을 사람들에게도 알려주고 싶었어.

하지만 내 생각을 신학을 공부하는 곳에서는 인정하지 않았단다. 긴 시간을 그들이 배워온 것을 갑자기 바꿀 수가 없었던 거겠지. 그때의 교회는 매우 큰 규모를 가지고 있었고 그만한 힘이 있었기 때문에 나는 신학자들과 쓸데없는 말싸움을 할 수 밖에 없었어.

"신은 그런 것을 용납하지 않습니다. 몸은 어디까지나 영혼의 그릇이다. 몸의 괴로움이 영혼에 영향을 주다니, 그런 것이 있을 수 있습니까?"

그들은 나를 설득하려고 했지만 나는 책에 쓰인 것보다 내 자신을 믿었어. 그리고 내 경험을 믿었지.

"아닙니다. 영혼과 몸은 결코 떨어질 수 없는 것입니다. 영혼이 아프면 몸이 아파지지요. 이러한 사실을 알고 영혼을, 그리고 몸을 가다듬는다면 사람은 더욱 행복하게 살 수 있을 겁니다."

나는 내 주장을 굽히지 않았지.

결국 절실한 가톨릭 국가였던 프랑스에서 나는 신학을 모독한 죄를 받아 추방되고 말았단다.

비록 나의 나라에서 쫓겨났지만 나는 그대로 내 생각을 발표하는

것을 멈추지 않았어.

　다른 사람들도 모두 같은 양의 철학을 자신의 안에 가지고 사는데 어째서 내게 그런 극단적인 방법으로 알아차리게 했는가를 나는 운명으로 받아들였기 때문이었지. 나는 신이 있다면 바로 그것을 내가 사람들에게 알리도록 하고 싶어 한다고 생각했어. 그런 생각과 내 자신에 대한 믿음은 나를 조금도 망설임 없는 철학자의 길을 가도록 응원하고 있었단다.

　철학이라는 것은 대체 무엇이고 어디에서부터 오는 걸까?
　너희들은 알고 있니? 나는 철학은 누구나의 가슴 안에 있는 것이라고 생각해. 비록 지금은 알아채지 못하더라도, 분명히 사람은 가슴 안에 자신의 철학을 안고 살고 있단다.

프랑스 계몽철학자 라 메트리

라 메트리는 프랑스의 의학자·철학자이다. 계몽시대의 대표적 유물론자로, 저서 『인간기계론』에서 모든 정신 작용의 근원인 감각이란 물질적인 기능이며, 이것이 뇌에 물질적 작용을 미치게 하여 의식의 여러 가지 현상이 발생한다고 하였다.

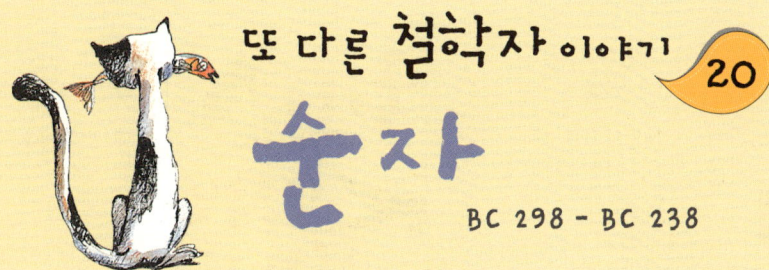

또 다른 철학자 이야기 20
순자
BC 298 - BC 238

순자는 전쟁으로 온 천하가 시끄러웠던 전국시대의 인물입니다. 순자는 공자 맹자의 뒤를 이어 예(禮)로써 사람과 사회의 질서를 잡고자 했습니다. 그는 인간을 악한 존재로 여겼습니다. 순자는 자신의 책 『순자』에 이런 글을 적었습니다.

"인간의 본성은 이익을 좋아한다. 이 본성대로만 살아간다면 결국 인간들은 서로 다투고 빼앗기만 할 것이다. 또한 인간은 남을 미워하는 본성이 있다. 이 본성대로만 살아간다면 인간은 서로를 다치게만 할 것이다."

이처럼 순자는 인간을 태어날 때부터 악한 존재라고 정의를 내렸습니다.

그리고 예를 철저하게 교육시킴으로써 악한 본성을 억누르고 건강한 사회를 이루고자 했습니다.

국어가 재밌어지는 맞춤동화

국어가 재밌어지는 1학년 맞춤동화

『국어가 재밌어지는 1학년 맞춤동화』는 만화나 게임, 텔레비전에만 익숙해져 책읽기의 재미를 잃어가는 우리 아이들에게 지혜와 교훈을 가르쳐주고 국어책과도 친해질 수 있는 이야기책입니다.

글 고수유 | 그림 기진희 공동근 | 정가 9,000원

국어가 재밌어지는 2학년 맞춤동화

밑줄 친 문제나 정답을 강요하지 않는 『국어가 재밌어지는 2학년 맞춤동화』는, 우리 아이들이 국어책과 친해지도록 만들어주는 비타민 같은 책입니다.

글 고수유 | 그림 기진희 김현례 | 정가 9,000원

국어가 재밌어지는 3학년 맞춤동화

초등 국어교과서를 총망라하여 그 내용과 주제를 연계시킨 『국어가 재밌어지는 3학년 맞춤동화』는 국어책의 좋은 친구가 될 것입니다.

글 고수유 | 그림 김미연 외 | 정가 9,000원

국어가 재밌어지는 4학년 맞춤동화

인터넷과 텔레비전, 교과서보다 쉽게 읽히는 학습만화들이 아이들의 공부방을 가득 채우고 있습니다. 초등 교과서를 총망라한 이 책은 잃어버렸던 책읽기의 즐거움을 되찾아 줄 것입니다.

글 고수유 | 그림 김미연 외 | 정가 9,000원

과학이 재밌어지는 맞춤과학

글 홍윤희 | 그림 김미연 | 정가 9,000원

글 홍윤희 | 그림 김미연 | 정가 9,000원

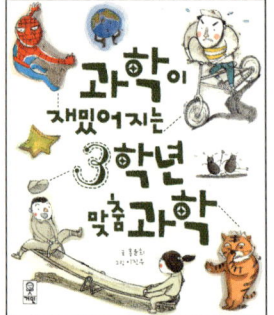

과학이 재밌어지는 맞춤과학 시리즈

과학 교과서와 연계된 『과학이 재밌어지는 맞춤과학』은, 핵심만을 가려 뽑은 설명과 재밌는 그림으로 과학에 스스럼없이 다가갈 수 있게 만든 과학 교과서의 좋은 친구가 될 것입니다.

글 홍윤희 | 그림 이진우 | 정가 9,000원